★成功经理人365天管理笔记系列(服务业经理人)

# 酒店餐饮经理 365天管理笔记

时代华商管理培训中心◎策划
滕宝红◎主编

◆采用“一日管理＋一周管理＋一月管理＋季度管理＋全年管理”编写风格，图文并茂、形式活泼。

◆内容阅读采用PDCA循环法，通过时间安排、工作重点、管理方法、管理心得四个部分为一个完整循环的学习方式进行导读。

◆本丛书编排新颖，思路清晰，是企业经理人不可多得的管理用书。

作为一本职业经理人的学习管理笔记，该书能指引经理们每天有计划地安排时间，认真记下工作中的琐事，再把自己想做的事情、计划做的事情、没有解决的问题记录下来，并定期检视，从而使他们成为一名成功的经理人。

廣東省出版集團
广东经济出版社

**图书在版编目（CIP）数据**

酒店餐饮经理365天管理笔记／时代华商管理培训中心策划，滕宝红主编．—广州：广东经济出版社，2012.9

（成功经理人365天管理笔记系列．服务业经理人）

ISBN 978－7－5454－1386－1

Ⅰ．①酒…　Ⅱ．①时…②滕…　Ⅲ．①饭店—饮食业—商业管理　Ⅳ．①F719.2

中国版本图书馆CIP数据核字（2012）第155384号

|  |  |
| --- | --- |
| 出版发行 | 广东经济出版社（广州市环市东路水荫路11号11～12楼） |
| 经销 | 全国新华书店 |
| 印刷 | 深圳市建融印刷包装有限公司（深圳市罗湖区梨园路104号3楼东） |
| 开本 | 787毫米×1092毫米　1/16 |
| 印张 | 11.5 |
| 字数 | 218 000字 |
| 版次 | 2012年9月第1版 |
| 印次 | 2012年9月第1次 |
| 印数 | 1～5 000册 |
| 书号 | ISBN 978－7－5454－1386－1 |
| 定价 | 25.00元 |

如发现印装质量问题，影响阅读，请与承印厂联系调换。

发行部地址：广州市环市东路水荫路11号11楼

电话：（020）38306055　38306107　邮政编码：510075

邮购地址：广州市环市东路水荫路11号11楼

电话：（020）37601950　邮政编码：510075

营销网址：**http：//www.gebook.com**

广东经济出版社常年法律顾问：何剑桥律师

# 前 言

作为酒店中坚力量的部门经理，在酒店中起到承上启下的作用，他们的职业素质、管理能力和领导能力决定了酒店发展的速度，决定了酒店能否培养出一支优秀的员工队伍，决定了能否有效达成酒店经营目标和提高业绩。

部门经理是酒店的执行者，由于各种原因，在管理工作中会出现许多问题：要么出现缺乏规划，没有重点，看起来每天都很忙，但不知在忙什么，忙得没有效果；要么执行力严重缺乏，领导的意图总是贯彻不到位或未及时落实；又或不懂得设定目标，没有掌握达成目标的有效方法等。

出现这些问题的根本原因是，不会在年初作规划，不会在季初、月初、周初作计划，不会合理地安排下属的工作，不会合理地运用自己每天的时间，不会有效地跟进部门各项工作，不会在月末、季末、年末的时候作总结报告。当然，还有一些新上任的部门经理甚至不知道自己该在什么时候作计划、该在什么时候跟进工作、该在什么时候写总结，而只是被动地听从上级安排，这自然不是一个优秀的部门经理应有的表现。

针对酒店部门经理的困境，我们设计了“成功经理人365天管理笔记”系列丛书之酒店服务业，旨在引导部门经理们每日、每周、每月、每季、每年（年末）做应当做的事情，以及正确使用做这些事情的方法、技巧及应用的表格、表单和工具。

“成功经理人365天管理笔记”系列丛书的酒店服务业目前主要涵盖6个管理岗位，包括前厅经理、客房经理、餐饮经理、营销经理、财务经理、连锁酒店店长。

“成功经理人365天管理笔记”系列丛书的酒店服务业编排新颖，思路清晰，是酒店经理人不可多得的管理用书。该系列丛书打破传统图书的理论讲述，不讲为何做，而讲怎样做，注重实操性。书中提供大量工作总结、工作计划范例以及可以直接运用到实际工作中的表单。

为了方便读者学习，本书在一些重点内容，或需要注意的内容旁增加了“特别提示”栏目，方便读者注意重点、要点，加深学习印象。同时，本书在页面的右方设置了“随手札记”，供读者随时记录学习心得。请不要将这些表格忽略，要认真投入思考并记录下来，这绝对会有助于读者各方面能力的提升。

作为一本部门经理的学习管理笔记，本书能让经理们通过每天有计划的时间安排，记录工作中的琐事，通过找方法，一步一步解决问题，再把自己想做的事情、计划做的事情、没有解决的问题记录下来，去寻找解决的办法，定期检视，使自己成为一名成功的经理人。

“成功经理人365天管理笔记”系列丛书的酒店服务业适用于酒店部门经理、主管、领班，新入职的大、中专学生，管理培训机构，职业管理院校的学生等阅读，也可作为管理人员的手边工具书使用。

“成功经理人365天管理笔记”系列丛书的酒店服务业由时代华商管理培训中心策划，由有北京京都黄河酒店管理（投资）集团公司、北京凯悦莱温泉度假酒店、深圳上海宾馆、秦皇岛四川大酒店、山西同汇酒店管理有限公司等单位以及薛永刚、孙勇兴、方辉、赖娇珠、段青民等专家和酒店一线管理人员共同编著，全书最后由滕宝红统稿、审核完成。

当然，本系列丛书也有不足之处，希望广大读者对我们提出宝贵意见。在此，我们所有编者对您的关注予以真诚的感谢！

“成功经理人365天管理笔记”系列丛书

编委会

# 目　录

## 导　读　365天管理阶段工作



## 第一章　一日工作安排与落实

忙！忙！忙！

忙些啥？

忙着组织新员工入职培训，忙着检查厨房卫生情况，忙着审阅各种报表，忙着控制各项成本，忙着制订部门培训计划，忙着准备绩效考核……

作为酒店餐饮经理的你，是不是处于以上所述盲目的忙碌状态呢？如果是的话，那么你就要做好每天的工作计划了，只有按照详细计划一步步进行，你才能条理清晰而不至于在手忙脚乱中出差错。相信通过本章的学习，你一定能摆脱这种“忙而无序”的困境！

## 第二章　一周工作安排与落实

新的一周又开始了，该怎样来做好这一周的工作呢？仔细想想，本周有哪些主要工作：要对新入职员工进行指导；要对餐饮部安全、卫生等情况进行检查；需要为部门经理周例会作准备……

惨啦！事情这么多，怎样才能理清呢？仔细看看，哪些必须在第一时间内完成，哪些可以稍微往后延……

如果你每周都处于这种忙碌"晕"的状态，那就要做好一周工作安排与落实。通过本章学习，相信你一定可以远离这种状态，从而让工作更加有条理，更加轻松愉快！

## 第三章　月度工作安排与落实

餐饮经理工作事情多且杂，需要与各个部门沟通协调，如果没有按时做好工作，将会影响其他部门正常运转。如没有及时与客房部核对客人送餐状况，以致有些客人订餐没有及时送到，导致客人投诉。

每个月的工作有常规的，也有突发的，餐饮经理要做到让自己忙而不乱，井井有条，就必须做好工作安排。



## 第四章　季度工作安排与落实

季度工作的安排，属于宏观性的，要对一个季度的重点事项做到心中有数。才能按照季度安排做好每月、每周甚至每一天的工作。

作为餐饮经理，每一季度重点工作都需要有所侧重。但是总的来说，每一季度的工作中又有重复的事情。要想让自己更加从容应对，你可以将自己每一季度工作都做好安排。

## 第五章 年度工作安排与落实

年终又到了，餐饮经理又要开始对本年度餐饮部工作进行总结，同时要制订下一年度计划，实行年终部门大检查……

这个时候可以说是餐饮经理忙得团团转的时候。

其实，你也可以不用让自己显得如此忙碌，怎么办?

提前将年终各项工作做好安排，就可以让每件事情按照计划进行。当然，预留一定的时间来应对突发事件，可以让你在年终更好地完成各项工作。

# 导读

## 365天管理阶段工作

### 一、一年365天时间分配

一年365天，时间是有限的，要怎样进行合理分配？作为餐饮经理，这是一个必须要考虑的问题。

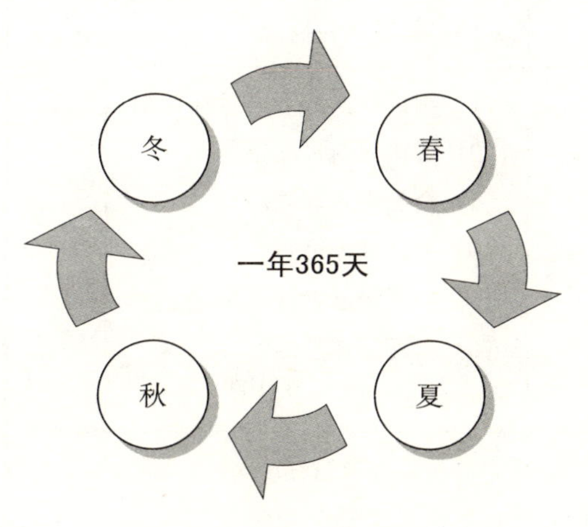


图1　一年365天循环图

### 二、国家法定节假日

餐饮经理要对时间进行合理分配，首先要明确一年中的国家法定节假日。因此，可以先将一年中的国家法定节假日分列出来。一年中常规的国家法定节假日如表1所示。

表1　国家法定节假日

| 序号 | 节假日名称 | 放假天数 | 日期 |
|---|---|---|---|
| 1 | 元旦 | 1天 | 1月1日 |
| 2 | 春节 | 3天 | 农历除夕，正月初一、初二 |
| 3 | 清明节 | 1天 | 4月5日 |
| 4 | 劳动节 | 1天 | 5月1日 |
| 5 | 端午节 | 1天 | 农历端午节当日 |
| 6 | 中秋节 | 1天 | 农历中秋节当日 |
| 7 | 国庆节 | 3天 | 10月1～3日 |

### 三、工作时间

工作时间，又称法定工作时间，是指员工为履行工作义务，在法定限度内，在用人单位从事工作或者生产的时间。

### （一）工作时间计算

年工作日：365天－104天（休息日）－11天（法定节假日）=250天

季工作日：250天÷4=62.5天

月工作日：250天÷12=20.83天

### （二）有效工作时间

有效工作时间就是称职员工完成一件工作的必需时间。如果上班时间为8小时，通常情况下，大多数员工的有效工作时间是达不到8小时的，必须扣除等待、无意义的闲聊、串岗或处理个人私事的时间。

## 四、阶段工作法

餐饮经理可以采用阶段工作法对工作进行安排。什么是阶段工作法呢？这里所说的阶段指的就是一日、一周、一月、一季度、年度各个不同的时间段。

餐饮经理对每日、每周、每月、每季度和每年度的工作进行安排，做好时间、工作事项的安排，对工作进行分阶段总结。

表2　餐饮经理阶段工作安排

| 阶段 | 工作事项 | 备注 | 阶段 | 工作事项 | 备注 |
|---|---|---|---|---|---|
| 一日 | （1）制订当日工作计划<br>（2）做好每日形象自检<br>（3）召开餐饮部每日早会<br>（4）每日巡视工作<br>（5）运用表格和表单管理<br>（6）与酒店其他部门协调工作<br>（7）楼面日常管理工作<br>（8）客人投诉处理<br>（9）突发事件应急处理 | | 一周 | （1）制订一周工作计划<br>（2）主持部门周例会<br>（3）参加部门经理周例会<br>（4）担任值班经理<br>（5）日常卫生管理工作<br>（6）餐饮食材的采购与验收<br>（7）宴会管理工作<br>（8）进行客人意见调查<br>（9）每周工作总结<br>（10）每周自我反思 | |
| 月度 | （1）制订月度工作计划<br>（2）制订每月排班表<br>（3）在岗员工培训<br>（4）食品安全管理<br>（5）餐饮成本控制与管理<br>（6）员工每月绩效考核<br>（7）每月工作总结 | | 季度 | （1）制订餐饮部季度目标计划<br>（2）餐饮部新员工招聘<br>（3）新员工入职培训<br>（4）餐饮部季度盘点<br>（5）员工激励管理<br>（6）季度工作总结 | |
| 年度 | （1）年度工作总结与下一年计划<br>（2）制订年度工作计划<br>（3）制订年度培训计划<br>（4）制订年度营销计划 | | | （5）建立对客服务质量标准<br>（6）签订餐饮部安全责任书<br>（7）员工年度绩效考核 | |

# 第一章

# 一日工作安排与落实

忙！忙！忙！

忙些啥？

忙着组织新员工入职培训，忙着检查厨房卫生情况，忙着审阅各种报表，忙着控制各项成本，忙着制订部门培训计划，忙着准备绩效考核……

作为酒店餐饮经理的你，是不是处于以上所述盲目的忙碌状态呢？如果是的话，那么你就要做好每天的工作计划了，只有按照详细计划一步步进行，你才能条理清晰而不至于在手忙脚乱中出差错。相信通过本章的学习，你一定能摆脱这种“忙而无序”的困境！

## 一、制订当日工作计划

餐饮经理在制订当日工作计划前，要对当日时间和工作事项进行仔细分析。根据工作事项的紧急性、重要性按先后顺序排列，重要和紧急的最先做，不重要和不紧急的放在最后做，以保证所有事项都能恰当而圆满地完成。

### （一）时间清单分析

餐饮经理将一天的法定工作时间，按照每半小时为一段，进行分段，然后逐项将实际活动事项填入时间清单分析表中，如表1-1所示。在活动事项后面，准确填入该活动事项相应的计划用时、实际用时、超时以及超时原因。

### （二）工作事项分析

1.工作清单分析

餐饮经理分析一个法定工作日内所做的工作事项，各自用时如何，如果超时，则原因在哪儿。这可以采用工作清单分析表（见表1-2）进行明确分析。

表1-1　时间清单分析表

姓名：　　　　　　　　　　日期：

| 序号 | 时间 | 活动事项 | 计划用时 | 实际用时 | 超时 | 原因 |
| --- | --- | --- | --- | --- | --- | --- |
| 1 | 8:30～9:00 | | | | | |
| 2 | 9:00～9:30 | | | | | |
| 3 | 9:30～10:00 | | | | | |
| 4 | 10:00～10:30 | | | | | |
| 5 | 10:30～11:00 | | | | | |
| 6 | 11:00～11:30 | | | | | |
| 7 | 11:30～12:00 | | | | | |
| 8 | 12:00～12:30 | | | | | |
| 9 | 12:30～13:00 | | | | | |
| 10 | 13:00～13:30 | | | | | |
| 11 | 13:30～14:00 | | | | | |
| 12 | 14:00～14:30 | | | | | |
| 13 | 14:30～15:00 | | | | | |
| 14 | 15:00～15:30 | | | | | |
| 15 | 15:30～16:00 | | | | | |
| 16 | 16:00～16:30 | | | | | |
| 17 | 16:30～17:00 | | | | | |
| 18 | 17:00～17:30 | | | | | |
| 19 | 17:30～18:00 | | | | | |
| | 总计 | | | | | |

表1-2　工作清单分析表

姓名：　　　　　　　　　　　　　　　　　日期：

| 工作事项 | 计划时间 | 实际时间 | 浪费/延误 | 无计划用时 | 原因 |
|---|---|---|---|---|---|
| | | | | | |
| | | | | | |
| | | | | | |
| | | | | | |
| | | | | | |
| | | | | | |

（1）将所有工作填入工作事项栏内，包括累计用时超过10分钟的工作。如果没有超过10分钟可以不填，但如果这些事项累计时间超过1小时，就要引起重视，应该在分析表中作特别说明。正常事项如检查客房订餐表，上午20分钟，下午30分钟，可以将此累计在报表检查这一事项中。

（2）填入具体事项，如“到人力资源部了解餐饮部服务员招聘情况”、“与行政总厨商讨厨房卫生检查”、“听取宴会部主管对宴会准备工作情况的汇报”、“处理客人投诉”等。

（3）只要简单说明浪费、延误的原因即可。如向总经理汇报下个月餐饮部工作计划，预计30分钟，但由于没有把握好本次汇报用时，结果花了40分钟，超时10分钟。

随手札记

2.工作（活动）分项分析

（1）餐饮经理可以将工作清单中的同类事项进行合并，然后填入工作分项分析表中，如表1-3所示。

（2）“无计划用时”只计算无计划用时总计数。各项工作活动的无计划用时，是指该项工作活动的实现没有计划时间。

（3）凡是超计划用时或者是记不起来的用时均计入“浪费/延误”中。

3.工作紧急性分析

餐饮经理分析出每天各项工作的紧急程度，根据不同程度安排工作先后顺序。可以将工作事项紧急性分为四类，将当日工作进行分类安排，列出一个分析表，如表1-4所示。

4.工作重要性分析

餐饮经理将当日工作事项根据重要程度，合理地安排工作用时。同紧急性一样，将工作事项分为四类，即非常重要、重要、不很重要、不重要，如表1-5所示。

**表1-3　工作（活动）分项分析表**

姓名：　　　　　　　　　　　　　日期：

| 分析事项 | 计划用时 | | 实际用时 | | 浪费/延误 | | 无计划用时 | | 原因 |
|---|---|---|---|---|---|---|---|---|---|
| | 用时 | 排序 | 用时 | 排序 | 用时 | 排序 | 用时 | 排序 | |
| 召开部门早会 | | | | | | | | | |
| 到餐厅现场巡视 | | | | | | | | | |
| 给VIP客户打电话 | | | | | | | | | |
| 查看去年同期餐厅销售情况 | | | | | | | | | |
| 上网查询其他酒店餐饮情况 | | | | | | | | | |
| 起草安全管理计划 | | | | | | | | | |
| 向总经理汇报工作情况 | | | | | | | | | |
| 听取楼层主管工作汇报 | | | | | | | | | |
| 接待VIP客户 | | | | | | | | | |
| 各楼层作业分配 | | | | | | | | | |
| 进行安全卫生大检查 | | | | | | | | | |
| …… | | | | | | | | | |
| 总计 | | | | | | | | | |

表1-4　工作紧急性分析表

姓名：　　　　　　　　　　　　日期：

| 紧急性 / 工作事项 | 非常紧急（马上要做） | 紧急（短时间内要做） | 不很紧急（可从长计议） | 不紧急（无时间要求） |
|---|---|---|---|---|
| 某烹饪设备出现故障，导致菜肴质量出现问题 | √ | | | |
| 配合工程部对厨房所有设备进行检查 | | √ | | |
| 制定餐饮部人员安全操作规范 | | | √ | |
| 配合人力资源部进行新员工招聘工作 | | | | √ |
| …… | | | | |

注：在相应的栏目下打“√”。

表1-5　工作重要性分析表

姓名：　　　　　　　　　　　　日期：

| 重要性 / 工作事项 | 非常重要（绝对要做） | 重要（应该做） | 不很重要（可做可不做） | 不重要（可不做） |
|---|---|---|---|---|
| 与客房部核对订餐客户信息 | | √ | | |
| 巡视餐厅和吧台 | | √ | | |
| 解决客人对餐饮部的投诉 | √ | | | |
| 建立餐饮部对客服务质量标准 | | | | √ |
| …… | | | | |

注：在相应的栏目下打“√”。

随手札记

### （三）制订每日计划表

餐饮经理根据前面对工作时间和事项分析之后，就可以制订一份个人每日工作计划表。表1-6是某酒店餐饮经理按照时间安排做出的每日计划表，仅供参考。

**特别提示：**

现在，你可以制订一份自己的每日工作计划表，对自己一天事项进行合理安排。

表1-6　每日工作计划表

| 时间 | | 预定工作内容 | 执行结果 |
|---|---|---|---|
| 上午 | 8:00前 | （1）检查自身仪容仪表<br>（2）与值班经理交接，仔细阅读交接班日志并签字 | |
| | 8:00～8:15 | 召开餐饮部早会，传达酒店会议要求和指示，并布置当天各部门工作任务 | |
| | 8:15～8:30 | 与前厅核对各楼层房态信息，了解当天客人订餐情况 | |
| | 8:30～10:00 | 与客房部核对各楼层客人订餐信息 | |
| | 10:00～11:00 | （1）检查各类报表，掌握每天各种食材的消耗量以及菜肴、酒水的销售情况<br>（2）巡视厨房，检查员工操作程序是否规范 | |
| 中午 | 11:00～11:30 | 工作午餐 | |
| 下午 | 11:30～14:00 | 巡视餐厅，检查服务员规范作业情况及抽查菜品质量，及时了解餐饮的销售情况 | |
| | 14:00～15:30 | （1）受理客人投诉，与相关部门沟通合作，积极予以解决，并做好详细记录<br>（2）监督各项营业报表，并进行营业统计分析<br>（3）参与住店客人的日常食宿安排，审定重要旅行团的包餐要求 | |
| | 15:30～17:00 | （1）协调餐饮部与酒店其他部门的业务关系，保证餐饮部各项工作顺利进行<br>（2）督促、检查餐饮部各岗位的工作完成情况，对不符合酒店要求的要及时纠正 | |
| | 17:00～17:30 | 再次检查各项营业报表，对第二天的营业情况作出预测 | |
| | 17:30～18:00 | 做好一天工作情况汇总，记录在交接本上，与值班经理交接 | |

## 二、做好每日形象自检

餐饮经理每天出门之前，要在镜子前仔细照一照，看看自己的形象是否“过关”。良好的个人形象，不仅代表个人，还代表了整个酒店。因此，必须做好每日形象自检工作。

### （一）整体形象

个人整体形象示例对比，具体如图1-1所示。

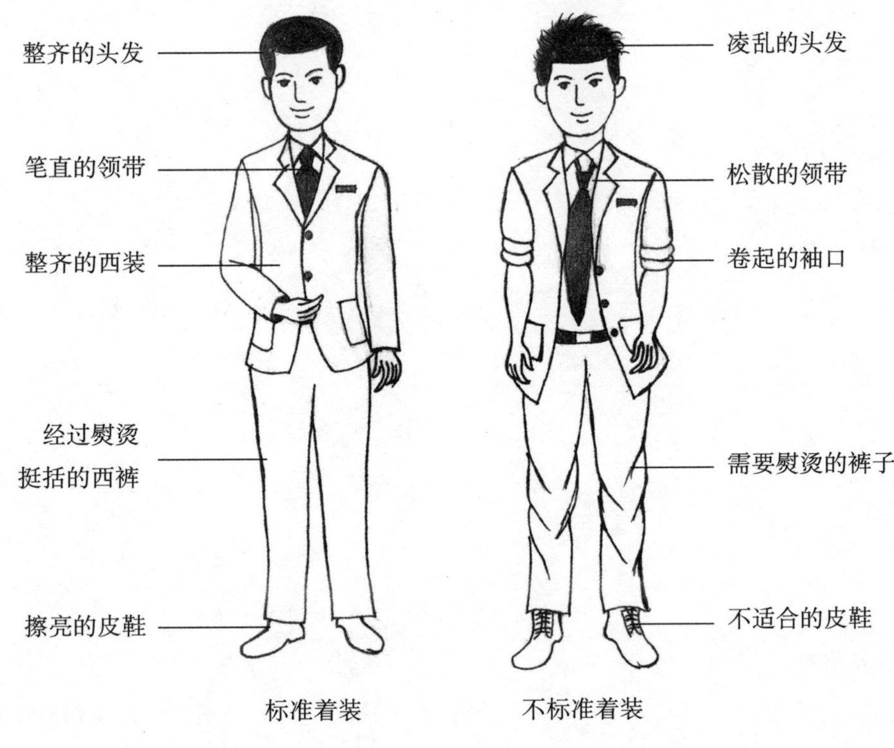


图1-1　整体形象

### （二）具体细节

形象往往体现于细节之中，因此要做好各种细节工作。下面列举一些细节事项，请参照对比。

1.头发

不准染发、烫发，头发不要长过耳、脸部，头发不要长过领子。清爽的发型、干净的头发更有朝气

图1-2　头发

2.胡须

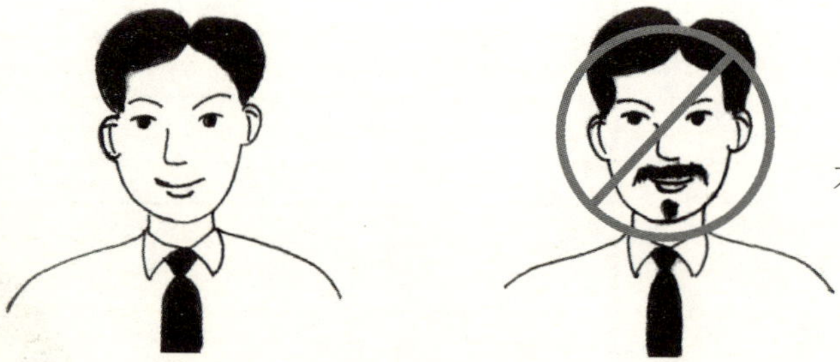

不蓄胡须

图1-3　胡须

3.牙齿

注意牙齿的清洁卫生，保持口气清新

图1-4　牙齿

4.鼻子

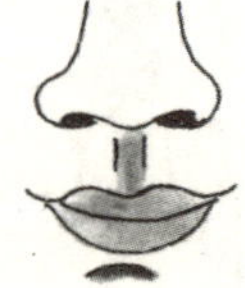

鼻毛不宜过长，注意鼻腔的卫生

图1-5　鼻子

5.鞋

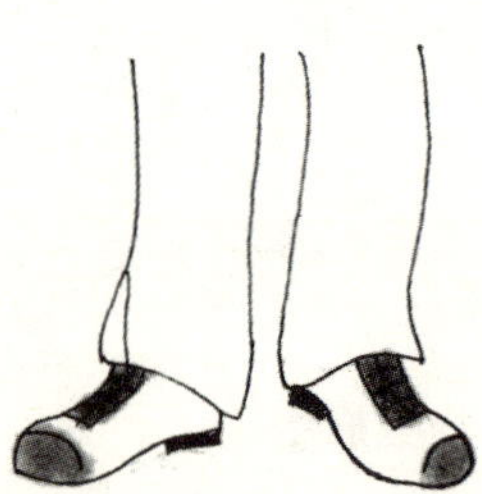

上班的时候不得穿拖鞋

图1-6　鞋

### （三）形象自检表

餐饮经理可以根据形象自检表，来检查自己的形象是否符合要求。

1.男士形象自检

男士形象自检，具体如表1-7所示。

2.女士形象自检

女士形象自检，具体如表1-8所示。

表1-7　男士形象自检表

| 序号 | 项目 | 检查重点 | 备注 |
| --- | --- | --- | --- |
| 1 | 头发 | （1）常洗常剪吗？有无头屑<br>（2）额前头发遮盖眼睛吗？长短合适吗？是否15天修剪一次头发 | |
| 2 | 面部 | （1）脸上有清洁、健康之感吗？会不会干涩或油光光的<br>（2）认真刷牙吗<br>（3）常刮胡须吗 | |
| 3 | 衣服 | （1）适合工作环境吗<br>（2）着装端正，肩上有头屑吗<br>（3）穿新衣服时，精心整理吗 | |
| 4 | 衬衫 | （1）是否干净？平整挺括，无污垢、无斑点<br>（2）是否平展？纽扣齐全吗<br>（3）领带干净平整吗 | |
| 5 | 裤子 | （1）是否无污垢、斑点，平整挺括<br>（2）裤子的拉链、纽扣是否结实<br>（3）皮带是否结实 | |

随手札记

（续表）

| 序号 | 项目 | 检查重点 | 备注 |
| --- | --- | --- | --- |
| 6 | 衣袋 | （1）衣袋内是否放有纸巾<br>（2）衣袋内有无棉尘、脏物 | |
| 7 | 手 | （1）指甲是否认真修剪了？手及指甲粗糙吗<br>（2）手指甲是否干净 | |
| 8 | 袜 | （1）脚上的袜子是否干净？每天换洗吗<br>（2）袜子与衣服的颜色、款式是否协调、适合 | |
| 9 | 鞋 | （1）鞋子是否光亮整洁？鞋后跟是否磨损变形<br>（2）鞋与衣服的颜色、款式是否协调、适合 | |
| 10 | 其他 | （1）面带微笑吗<br>（2）情绪饱满吗 | |

表1-8　女士形象自检表

| 序号 | 项目 | 检查重点 | 备注 |
| --- | --- | --- | --- |
| 1 | 头发 | （1）是否常洗常剪？头上饰物会哗众取宠吗<br>（2）额前头发是否遮盖眼睛？长短合适吗？发型有无妨碍工作 | |
| 2 | 化妆 | （1）脸上有清洁、健康之感吗？保养面部皮肤了吗<br>（2）口红、眼影浓淡适合吗？口红颜色相宜吗（避免使用偏白荧光型口红） | |
| 3 | 衣服 | （1）适合工作环境吗<br>（2）常洗熨吗？肩上有头屑吗 | |

**特别提示：**

餐饮经理可以个人形象自检表为标准，对本部门所有员工进行检查，并作出要求。因为无论是管理者还是员工，其个人形象都代表着整个酒店的形象。

## 三、餐饮部每日早会

早会在一天工作中占有非常重要的地位。在早会上，餐饮经理既要对前一天工作进行分析总结，又要对今天的工作作出全面安排。早会效果的好坏直接关系到一天的工作成效，因此餐饮经理应高度重视。

### （一）早会内容

餐饮部早会主要内容包括昨天的工作总结和今天的工作安排。例如昨天来了什么重要客人，是否招待周到，用餐客人数

（续表）

| 序号 | 项目 | 检查重点 | 备注 |
|---|---|---|---|
| 4 | 衬衫 | （1）是否干净、平整挺括，无污垢、斑点<br>（2）是否平展？纽扣齐全吗<br>（3）领巾干净平整吗 | |
| 5 | 裙子 | （1）是否整洁、平整挺括<br>（2）是否绽线 | |
| 6 | 装饰品 | （1）是否累赘、引人注目<br>（2）是否佩戴造型奇特的手表 | |
| 7 | 手 | （1）指甲认真修剪了吗<br>（2）手指甲是否太长？指甲油是否过浓或出现脱落 | |
| 8 | 长筒袜 | （1）颜色是否适当<br>（2）是否绽线 | |
| 9 | 鞋 | （1）鞋子是否光亮整洁？鞋后跟是否磨损变形<br>（2）鞋与衣服的颜色、款式是否协调、适合 | |
| 10 | 其他 | （1）面带微笑吗<br>（2）情绪饱满吗 | |

量及类别，餐厅账目情况是否有差错，今天要做个卫生检查等。所有事项一定要具体，以便员工能完全领会，更好地完成工作。下例是某酒店餐饮经理在一次早会上所讲的内容。

【范例01】

××酒店餐饮部早会

早会要讲的内容和要点清单示例：

一、昨天的工作汇报

1.销售额达到这一周的最高，这得益于我们部门全体员工的努力，厨房新品菜式的开发，服务人员热情周到的服务。

2.有客人投诉菜品分量不如以前，原因是由于鲜活食材采购的数量不足，导致分量减少，这种做法是万万不可取的。

3.最近请假的情况比较多，可能是由于天气转凉，感冒的比较多。大家要注意及时添加衣物、注意保暖。

二、今天的工作安排

今天的工作任务比较紧，大家要打足精神：

第一，上午要对部门仓库进行盘点，将各种物料及时地清理，确保不要出现存留太多的现象。具体盘点工作由××负责，××、××、××给予配合协助。

第二，由××陪同我对厨房的卫生进行检查，早会后请厨房的工作人员对厨房进行整理。

第三，我们是酒店的一员，要时刻注意保持和维护酒店的形象，不可以出现事不关己，高高挂起的现象。

**特别提示：**

任何人不得以任何借口缺席早会，确实有事必须先请假。餐饮经理有事，必须交代好职务代理人，如助理，并由他来主持早会。

每次早会都要做好记录工作，所有内容要填入餐饮部早会记录表中，如表1-9所示。

### （二）早会评估

早会评估可以让餐饮经理知道早会到底有没有达到效果，如果没有达到的话，那该如何改进，才能带领员工完成任务。若完全达到的话，那意味着这一天工作，管理会非常轻松。

### （三）早会管理制度

早会对一天的工作是如此重要，因此

表1-9　餐饮部早会记录表

| 日期 | | 主管 | | 记录人 | |
|---|---|---|---|---|---|
| 早会内容： | | | | | |
| 岗前培训 | | | | | |
| 工作安排 | | | | | |

有必要制定一套恰当的管理制度将其规范化，以便餐饮部所有员工都能明确遵守。下面这个例子是某酒店的餐饮部早会管理守则，仅供参考。

【范例 02】

××酒店餐饮部早会管理守则

第一条　周一至周五上午8:30召开餐饮部每日早会。

第二条　餐饮经理担任会议主持人，参加人员为各班组主管和员工，由副经理做会议记录。

经理不在时由副经理主持早会。

第三条　会议内容主要包括以下四点。

1.餐饮经理对昨天的工作情况进行总结报告，指出工作中出现的问题，提出改正方法。

2.餐饮经理传达酒店高层会议的内容及工作要求，根据餐饮部实际情况，进行分析。

3.餐饮经理及各主管布置部门当日工作重点，提出要求，并征询员工意见。

4.餐饮部各主管汇报重要工作事项，由餐饮经理作出点评和指示。

第四条　会议守则

1.所有相关人员应积极参加早会，无特殊情况不得缺席。

2.所有与会人员要认真做好会议笔记，对与自己工作相关的内容要重点关注。

3.会议期间不得交头接耳，大声喧哗。

4.所有与会人员在开会前应对议程有一定准备，尤其是涉及本部门的情况。

5.如有疑问或意见，应当场提出，当场解决，以免拖延造成损失。

6.及时准确记录会议内容，并送交餐饮经理审阅并签字存档。

第五条　餐饮经理、副经理及各位主管要将早会中提到的各项要求落实到实处。

早会管理制度要让每个员工都清楚知道，只有按规定去做，大家才能遵循同一个标准，一起将早会开好。

随手札记

## 四、每日巡视工作

巡视工作是餐饮经理每日必做的事情。通过巡视，餐饮经理可以对员工的仪容仪表、精神面貌，餐厅及厨房环境进行仔细了解，尽可能发现存在的问题，及时予以解决，以保证每天的工作顺利进行。

### （一）员工情况检查

1.仪容仪表检查

对下属的仪容仪表检查可参照本章第二节中餐饮经理每日形象自检表。

2.员工工作情况

（1）检查员工是否在岗，员工仪容仪表是否符合要求，确保各部门服务岗位无脱岗、串岗现象，员工服务热情。

（2）督查员工工作纪律，确保按章办事，规范服务。

### （二）每日巡视

餐饮经理每天都要在餐厅和厨房等工作场所进行巡视，随时检查各部门员工的工作情况，发现问题要立刻解决。这种检查工作是全天候的，因为餐饮部直接为客人提供饮食服务，餐饮经理任何时候都不能松懈，对一些服务细节要多加留意。例如一位服务员对客人板着脸，结果可能导致客人产生不满，而影响酒店的收入。

为了使巡视工作做到全面细致，餐饮经理有必要制定一张巡视表，每天都按照巡视表的项目进行仔细巡查。下例是某酒店餐饮经理制定的每日巡视表，仅供参考。

【范例03】

××酒店餐饮经理每日巡视检查表

| 检查时间 | 检　查　内　容 | 检查结果 |
| --- | --- | --- |
| 10:00<br>例行工作 | （1）员工是否准时上班？各部门（未休假）人员是否到齐<br>（2）营业前的准备工作是否安排妥当<br>（3）准备工作执行状况如何？是否有疏漏？时间及重点是否确实掌握<br>（4）是否有未分配到的工作？并分配人员去完成<br>（5）10:45各项准备工作应已完成，准备换装及用餐<br>（6）10:50巡视准备工作的完成情况，并安排员工午膳<br>（7）11:00全体员工用餐完毕 | |

（续表）

| 检查时间 | 检　查　内　容 | 检查结果 |
| --- | --- | --- |
| 11:00前<br>例行工作 | （1）店面前的骑廊与马路均视为清洁区域，应保持整洁<br>（2）店面前的海报架、订席牌、脚踏垫是否清洁并定位<br>（3）地毯是否清洁完毕？阶梯铜条是否擦拭，大理石地面是否清洁<br>（4）灯光和空调是否调整正常（含灯泡是否有损坏并更换）<br>（5）蒸馏水及冰块是否补充完整？银水壶是否擦拭<br>（6）送洗衣物、厂商送达的布件是否已归位<br>（7）出纳柜台、沙发是否整理<br>（8）出纳播放的音乐是否正确<br>（9）出纳菜单是否有整理并摆放定位<br>（10）各服务台上的备品是否补充齐全（盅、桶、托盘及作料等）<br>（11）各桌面是否摆放正确且清洁（餐具、纸巾、餐垫纸、水杯、胡椒盐罐、烟灰缸、意见卡、台卡、调味罐、花瓶、面包盘、台心布等），餐椅擦拭及排放是否整齐<br>（12）备餐区沙拉、冰箱内是否进行清理并关上玻璃门和开电<br>（13）洗手间是否清洁（含卷桶纸、擦手纸、镜面、台面、地板、小便斗、马桶等）<br>（14）吧台各项备品是否准备充分（含各项饮料、水果、吸管、口香糖、奶粒、咖啡粉、台面，并至库房补足所有备品及酒） |  |
| 上午营业前及营业中例行工作 | （1）是否有餐前集合<br>（2）员工的工作和区域是否分配妥当<br>（3）员工用餐的桌面是否指定人员进行整理<br>（4）各区域人员是否就位并进入状况（如备餐区，前菜、沙拉、汤、面包、碗、盘的补充）<br>（5）准备工作未完成事项是否已指派人员补充完成<br>（6）服务是否有缺失（含a.推拉椅子 b.上湿纸巾 c.加水 d.上菜单e.点菜 f.出餐 g.酒类服务 h.点烟 i.换烟灰缸 j.为客人披挂外套 k.餐中加水 l.语言 m.结账 n.迎客 o.送客 p.带位） |  |

（续表）

| 检查时间 | 检　查　内　容 | 检查结果 |
|---|---|---|
| 上午营业前及营业中例行工作 | （7）出菜是否正常（含太快、太慢及吧台附餐和单点饮料）<br>（8）客人用餐状况及反应<br>（9）食品是否有缺失<br>（10）员工服务是否亲切（微笑、语言及动作有无失误）<br>（11）各区域人员的工作量及服务量是否均衡？有无调动支援的必要<br>（12）空调是否保持正常（是否太冷或不足）<br>（13）音乐是否保持正常（是否过大声、太小声或中断）<br>（14）洗手间是否随时保持清洁（含卷桶纸、擦手纸、镜面、台面、地板、小便斗、马桶各项备品的补充）<br>（15）上午营业前是否将灯光调至较柔和的亮度<br>（16）地毯是否随时保持清洁<br>（17）客人桌面是否随时保持清洁（含空杯、换烟灰缸、调味罐、废纸巾等）<br>（18）是否随时掌握员工及客人的状况<br>（19）上午收尾工作是否于13:30分派妥当<br>（20）员工工作是否准时分派妥当<br>（21）员工执行状况如何？是否有遗漏？时间掌握是否准确<br>（22）是否有特殊工作需完成，并分派人员执行<br>（23）现场客人是否有人服务？有无遗漏<br>（24）13:50备餐区人员是否将备品回收厨房<br>（25）13:50员工是否擦拭餐具（含银盘及各类餐具），并归定位<br>（26）13:50是否分派人员全场埋单，是否彻底执行<br>（27）13:50收尾工作未完成，是否指派人员补充完成 | |
| 13:55<br>收尾工作 | （1）员工各项工作是否准时完成并上报<br>（2）各服务台的备品是否收存妥当？台面是否擦拭（含餐具包、盅、桶、作料及杂物） | |

（续表）

| 检查时间 | 检　查　内　容 | 检查结果 |
| --- | --- | --- |
| 13:55<br>收尾工作 | （3）灯光、空调是否进行调整<br>（4）备餐区是否整理清洁（含保温汤架是否关电、煎板烤箱瓦斯是否关妥、是否有餐具未送洗，汤、面包、作料是否送回、杂物是否清理、备餐间是否清洁等）<br>（5）吧台是否整理（含台面的整理等）<br>（6）餐具是否擦拭清洁并归位（含餐具及银盘）<br>（7）桌面摆设是否正常（含餐具、纸巾、餐垫纸、水杯、胡椒盐罐、牙签罐、烟灰缸、烛台、台卡、意见卡、花瓶、面包盘、椅子、台心布）<br>（8）出纳结账是否完成<br>（9）蒸馏水、湿纸巾、糖缸是否补充完成<br>（10）吧台餐具是否擦拭清洁并归位<br>（11）盘子是否擦拭清洁并补充至各位置<br>（12）未完成工作是否指派人员补充完成<br>（13）水电、煤气开关是否关妥<br>（14）空班留守人员是否安排妥当，是否交代事项并交办完成 | |
| 下午营业前及营业中例行工作 | （1）马路、走廊、踏垫、门面玻璃（含窗台）是否清洁光亮<br>（2）地毯是否清洁,地上物是否摆放定位（含服务台、婴儿椅、餐桌、椅子、海报架、蒸馏水、桶架、订席牌等）<br>（3）灯光、空调是否调整正常（含灯泡是否有损坏，并安排人员更换）<br>（4）蒸馏水及冰块是否补充完整<br>（5）出纳柜台、沙发是否整理清洁<br>（6）出纳菜单是否整理，并摆放定位<br>（7）各服务台上的备品是否补充齐全（含盅、桶、托盘、盘、作料等）<br>（8）各桌面摆设是否正确（含餐具、纸巾、餐垫纸、水杯、胡椒盐罐、牙签罐、烟灰缸、意见卡、台布、台心布、台卡、柜台、调味罐、花瓶、面包盘等） | |

（续表）

| 检查时间 | 检　查　内　容 | 检查结果 |
|---|---|---|
| 下午营业前及营业中例行工作 | （9）备餐区用品是否准备齐全<br>（10）吧台煤气是否点火，水壶及保温箱是否水位正常<br>（11）员工饭菜是否准备妥当<br>（12）员工是否着装完毕并准备用餐<br>（11）是否有餐前集合<br>（12）员工的工作是否分派妥当<br>（13）员工用餐的桌面是否有指定人员完成整理<br>（14）各区域人员是否就位，并进入状况（如备餐区，前菜、沙拉、汤、面包、碗、盘的补充）<br>（15）准备工作未完成事项是否有指派人员补充完成<br>（16）服务是否有缺失（含a.推拉椅子 b.上湿纸巾 c.加水 d.上菜单e.点菜 f.出餐 g.酒类服务 h..点烟 i.烟灰缸 j.为客人披挂外套k.餐中加水 l.语言 m.结账 n.迎客 o.送客 p.带位）<br>（17）出菜是否正常（含太快、太慢及吧台附餐和单点饮料）<br>（18）客人用餐状况及反应<br>（19）食品是否有缺失<br>（20）员工服务是否热情（微笑、语言及动作、有无漏失）<br>（21）各区域人员的工作量及服务量是否均衡，有无调动支援的必要<br>（22）空调是否保持正常（是否太冷或不足）<br>（23）音乐是否保持正常（是否过大声、太小声或中断）<br>（24）洗手间是否随时保持清洁（含卷桶纸、擦手纸、镜面、台面、地板、小便斗、马桶及各项备品的补充）<br>（25）晚上营业前是否将灯光调至较柔和的亮度<br>（26）地毯是否随时保持清洁<br>（27）客人桌面是否随时保持清洁（含空杯子、换烟灰缸、调味罐、废纸巾等）<br>（28）是否随时掌握员工及客人的状况 | |

（续表）

| 检查时间 | 检　查　内　容 | 检查结果 |
| --- | --- | --- |
| 下午营业前及营业中例行工作 | （29）下午收尾工作是否于20：30分派妥当<br>（30）开始安排营业后收尾工作<br>（31）指示部门主管开始分派人员执行例行工作<br>（32）现场的客人仍需指定专人服务<br>（33）员工执行状况如何<br>（34）是否有特殊工作应完成，并分派人员执行<br>（35）现场客人是否有人服务，是否遗漏<br>（36）21:00备餐区人员是否将备品回收厨房<br>（37）21:45员工是否擦拭餐具（含银盘及各类餐具）并归位<br>（38）21:50是否分派人员全场埋单，是否彻底执行<br>（39）21:50收尾工作的最后检查 | |
| 21:50<br>收尾工作 | （1）员工各项工作是否确实完成<br>（2）各服务台的备品是否收拾妥当（含餐具包、盅、桶、杂物等）<br>（3）各服务台的台面是否已擦拭，并更换置物格内的废纸巾<br>（4）备餐区是否整理清洁（餐具是否送洗，作料及沙拉是否送回厨房，备餐间地板是否刷洗等）<br>（5）调味罐是否补充及擦拭并摆放定位<br>（6）各服务台置物格内的调味罐是否正确<br>（7）灯罩、烛台是否确实清理并归位<br>（8）花瓶是否收回定位，并将花摆放妥当<br>（9）桌面是否摆设整齐（含餐具、纸巾、餐垫纸、水杯、胡椒盐罐、烟灰缸、意见卡、台卡、调味罐、面包盘、椅子等）<br>（10）餐布是否清洗，并置放定位<br>（11）吧台糖缸是否补充妥当，餐具是否擦拭并归位 | |

（续表）

| 检查时间 | 检　查　内　容 | 检查结果 |
|---|---|---|
| 21:50<br>收尾工作 | （12）垃圾是否倾倒了，垃圾桶周围是否清理好<br>（13）托盘是否清洗、清洁并定位<br>（14）餐具是否擦拭清洁并归位（含银盘及各类餐具）<br>（15）香槟桶架及银水壶是否已倒水，并放置定位<br>（16）盅、桶及调味盅是否清洗干净，并放置定位<br>（17）吧台是否整理（含各项食品的摆放、杯盘的清洗、台面的整理、地板的刷洗等）<br>（18）出纳是否完成结账工作<br>（19）依未离去客人的人数，所在位置适度调整灯光、冷气<br>（20）是否准时通知人员做营业后检讨会，并准时就位<br>（21）会后未完成的收尾工作是否安排人员补充完成 | |
| 22:00<br>下班前例行检查 | （1）下班前先确认次日休假与服务人员名单，并检查煤气总开关是否关妥<br>（2）未用完的食品是否妥善收藏？冰箱门是否关妥并上锁<br>（3）是否熄灭所有火烛<br>（4）台面的煤气开关是否关妥<br>（5）内场烤箱是否关闭？冰箱是否正常运转<br>（6）内场是否熄灭所有火烛及火种<br>（7）内场后门是否关妥<br>（8）内场灯光是否全关妥<br>（9）库房门是否关妥？灯是否关妥<br>（10）空调是否关妥<br>（11）各项灯光是否确实关妥 | |

## 五、用表格和表单管理

餐饮部的管理工作涉及大量报表和表单，餐饮经理在日常工作中要及时掌握各部门情况，制定、检查和调整各种计划和措施，这都离不开这些原始记录。

表格和报表是实行规范化管理的一种定型和定式化的手段，备用以供员工及时具体地记录各种原始数据，为餐饮经理考核员工业绩、控制营业费用提供准确的信息。

### （一）表格与表单管理的作用

表格与表单管理的作用，见图1-7。

| | |
|---|---|
| 实行规范化管理和操作的保证 | （1）餐饮经理和员工在进行整理、检查餐饮部的工作中，都必须填制必要的表格和报表，这样就可以使他们按服务标准、服务程序和方法办事<br>（2）由于表格和报表都是用事实和数据说话，可以定性定量地反映客观事实，用以评估餐饮部整理、检查质量的高低，揭示餐饮部运转的规律，从而及时发现服务和管理中存在的问题，为餐饮部实行科学管理提供客观依据 |
| 考核的依据 | 餐饮部的表格和报表是关于餐饮部服务和管理活动的各种原始数据和事实的真实记录，是对餐饮部员工进行评估和考核的依据 |
| 控制成本手段 | 餐饮经理可以通过服务员工作报表和领班报表控制每个员工使用情况，达到既满足客人需要，又降低营业费用的目的 |

图1-7　表格与表单管理的作用

### （二）常用表格和报表

许多报表餐饮经理每天都要查看，如厨房安全检查表（表1-10）、厨房内部菜谱成本控制表（表1-11）、餐饮部每日采购请购单（表1-12）。餐饮经理通过查看这些报表能及时掌握各部门情况。

表1-10　厨房安全检查表

日期：

| 岗位 | 检查内容 | 检查情况 | 备注 |
|---|---|---|---|
| 中餐厨房 | 水电关闭 | | |
| | 煤气阀关闭 | | |
| | 蒸汽柜/蒸汽锅关闭 | | |
| | 冰箱、冷柜运转 | | |
| 西餐厨房 | 消防器具定位 | | |
| | 门窗关闭 | | |
| | 水电关闭 | | |
| | 煤气阀关闭 | | |
| | 蒸汽柜/蒸汽锅关闭 | | |
| | 冰箱、冷柜运转 | | |
| | 门窗关闭 | | |
| | …… | | |
| 面点房 | 水电关闭 | | |
| | 煤气阀关闭 | | |
| | 蒸汽柜/蒸汽锅关闭 | | |
| | 冰箱、冷柜运转 | | |
| | 消防器具定位 | | |
| | 门窗关闭 | | |
| | …… | | |
| …… | …… | | |

检查人：　　　　　　　　　　时间：

### （三）表单管理

1.分级归口管理

餐饮部常用表单必须在餐饮经理领导下实行分级归口管理，主要包括以下四个要求：

（1）表单要统一设计、统一审查、统一编号。

（2）内容要科学合理、简明易懂。

（3）数字要真实准确，项目含义和计算方法要符合统一规定，数字的来龙去脉要做到有据可查。

（4）根据业务分工将表单分别划归各业务部门、各岗位进行填写整理。

2.建立表单记录责任制

餐饮部表单从记录到检查核实，从

**表1-11　厨房内部菜谱成本控制表**

年　　月　　日

| 编号 | 菜肴名称 | 适令季节 | 净料成本 | 期望毛利率（%） | 售价 | 实际毛利率（%） | 备注 |
|---|---|---|---|---|---|---|---|
| | | | | | | | |
| | | | | | | | |
| | | | | | | | |
| | | | | | | | |
| | | | | | | | |
| | | | | | | | |

制表人：

**表1-12　餐饮部每日采购请购单**

（蔬菜、肉蛋、水果类）

年　　月　　日

| 部门<br>数量<br>品名 | ××苑 | 实买 | ××园 | 实买 | 宴会 | 实买 | 冷菜 | 实买 | 西餐 | 实买 | 初加工 | 实买 | 面点 | 实买 | | | 单价（元） | 合计金额（元） |
|---|---|---|---|---|---|---|---|---|---|---|---|---|---|---|---|---|---|---|
| | | | | | | | | | | | | | | | | | | |
| | | | | | | | | | | | | | | | | | | |
| | | | | | | | | | | | | | | | | | | |
| | | | | | | | | | | | | | | | | | | |
| | | | | | | | | | | | | | | | | | | |

随手札记

保管到加工整理，都要有专人负责，形成一个系统的原始记录网。日常表单要求员工在工作进行过程中或工作结束时立即按规定填写，需汇总的表单一般要求在规定的时间进行填写，并按规定的流程及时传递。

3.加工整理表单，形成管理资料

表单记录的只是一种原始资料，必须进行加工整理，才能成为系统的管理资料，才能使表单发挥应有的作用。原始记录的整理一般分为三个阶段，如图1-8所示。

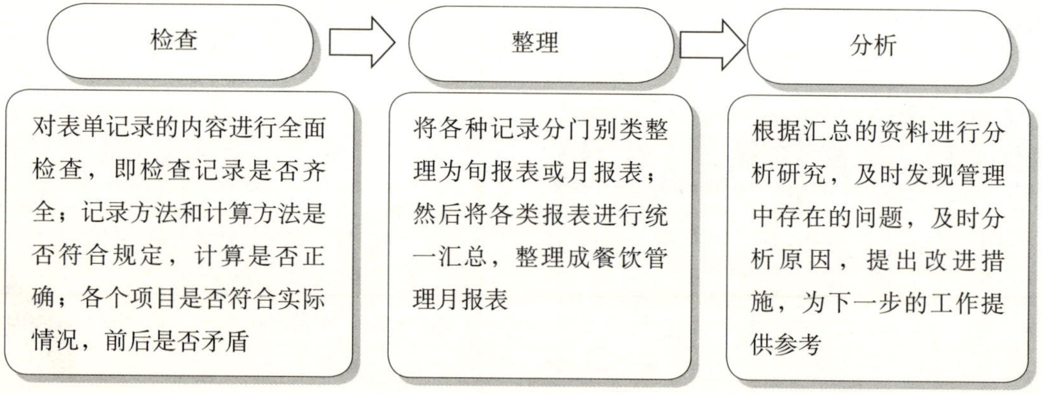

| 检查 | 整理 | 分析 |
| --- | --- | --- |
| 对表单记录的内容进行全面检查，即检查记录是否齐全；记录方法和计算方法是否符合规定，计算是否正确；各个项目是否符合实际情况，前后是否矛盾 | 将各种记录分门别类整理为旬报表或月报表；然后将各类报表进行统一汇总，整理成餐饮管理月报表 | 根据汇总的资料进行分析研究，及时发现管理中存在的问题，及时分析原因，提出改进措施，为下一步的工作提供参考 |

图1-8　原始记录的整理

## 六、与酒店其他部门协调工作

餐饮经理不但要做好部门内部的协调工作，而且还要做好与其他部门的协调。只有做好了相互间的协调工作，餐饮部的工作才能正常开展。

### （一）餐饮部内部协调

1.餐厅与厨房

（1）餐饮经理应要求餐厅主管和厨师长按备忘录要求核对前、后台准备工作是否一致。

（2）宴会服务时，餐厅应及时通知厨房开始上第一道菜的时间；遇到领导讲话，要马上通知厨房暂缓出菜。

（3）散餐服务时，餐厅应及时将菜单及客人要求通知厨房，督促厨房及时上菜。

（4）餐饮经理接到宴会单后，应及时通知餐厅主管和厨师长，便于双方能正确调节出菜速度。

（5）用餐结束，餐饮经理应征询客人意见，对菜肴的评价应及时转告厨师长或厨房领班。

（6）主动了解厨房推出的新菜肴，并主动向客人推荐。

2.咖啡厅与厨房

（1）咖啡厅每天与厨房沟通，了解菜单上各项点心与便餐菜式的供应变化及报出的新品种。

（2）咖啡厅接到预订单或客人有特殊要求，及时通知厨房准备，减少客人等候时间。如果是VIP客人要求，餐饮经理应亲自安排，以示重视。

（3）餐饮经理应要求咖啡厅适时地征询客人意见与建议，及时转告厨师长改进，以便更好地满足客人的要求。

3.客房送餐处与厨房

（1）客房送餐处每天晚上把收集的第二天早餐卡，及时填写小票，通知厨房和收银员准备。

（2）客房送餐处对住客临时点要的菜点品种，应迅速填写小票送交厨房准备，并随时留意出菜速度，确保送餐服务的及时、快捷、准确。

（3）主动了解厨房推出的新品种，主动向客人推荐。

## （二）与酒店其他部门协调工作

1.餐饮经理与采购部

（1）厨师长应提前根据菜单的内容向采购部开出货源申购单。餐饮经理应随时抽查申购单，以便了解厨房每天的用料需求。

（2）厨师长应写清申购货源的品种、数量、规格和到货时间。

（3）货到厨房，厨师长要检查数量和质量，对不合格的应及时退货，如果不合格品涉及数额太大，厨师长应通知餐饮经理与采购部沟通处理。

（4）餐饮经理出面协调本部门与采购部出现的矛盾。

2.餐饮经理与总经理办公室

（1）如有重大接待任务，餐饮经理应在通知内容上要写清宴请时间、地点、人数、标准、菜单、宴请单位等。

（2）写清宴请或重大活动所需要的舞台布置、会标、标示牌等要求和具体完成时间，报请审阅。

（3）餐饮经理撰拟的以酒店名义行文的文稿，应送总经理办公室审核后报酒店领导签发。

（4）餐饮经理与办公室秘书的沟通，要做好内部文件与档案工作记录并接受指导性意见。

3.餐饮经理与客房部

（1）沟通协作好宴请重要客人的地毯布置。

（2）沟通协作好客房部行政楼层的饮料供应和服务工作。

随手札记

（3）沟通协作好客房送餐服务工作。

4.餐饮经理与保安部

（1）如有重要宴请或大型宴会和会议要事，餐饮经理应先用备忘录与保安部沟通，并请其协助维持治安秩序，做好重要客人的安全保卫工作和安排好乘坐车辆的停靠泊位。

（2）餐饮部前、后台如发现可疑的人和事或可疑物品、不明物品，餐饮经理在立即做好监控工作的同时，应及时报告保安部。

（3）各营业点如发生酗酒闹事，影响治安秩序，餐饮经理要立即报告保安部。

（4）使用各种设施设备过程中，如发生异味、异声、漏电、短路、裂管等不安全因素，要立即报工程部检修，同时报保安部。

（5）餐饮经理应主动与保安部联系，做好易燃易爆用品的管理和消防设备、消防器材的检查维护。

（6）餐饮经理应组织和教育部门员工自觉参加保安部开展的“四防”宣传教育及保安业务知识。

（7）餐饮经理应主动接受保安部对安全保卫工作的指导和检查，对保安部提出的工作建议和意见应及时进行整改，并将整改情况复告保安部。

5.餐饮经理与工程部

（1）餐饮经理应督促本部门的设备管理人员和操作人员，应自觉接受工程部进行的安全生产教育及专业技术和管理知识的培训，提高业务技能。

（2）联系工程部定期对本部门设施设备管理制度的检查。

（3）在本部门自查设备设施安全生产时发现隐患，立即通知工程部及时排除。

（4）主动配合工程部对本部门厨房设备、炊事机械、冷藏柜、水、煤气、空调、除油、除烟等设施定期进行检测和维修，确保运转正常。

（5）配合工程部做好餐厅、厨房等设施设备的更新改造，并与技工密切合作，搞好餐厅、咖啡厅设备的日常维护保养，确保各种设备完好。

（6）有大型和重大接待任务应提前通知工程部，便于工程部对宴请场地进行全面整修。

6.餐饮经理与财务部

（1）请财务部协助并指导编制餐饮部的经营预算，以及落实部门的成本费用控制管理。

（2）加强与财务部计划分析员和成本核算员的联系，做好食品和酒水毛利的日清日结核算工作。

（3）做好与财务部的账务核对工作。

（4）配合财务部认真做好食品、酒水小票的管理与汇总上交工作。

（5）在财务部的指导下按月做好餐饮经济活动分析、财务管理（含二、三级账表）和定额消耗管理。

7.餐饮经理与人力资源部

（1）根据工作需要向人力资源部提出用工申请，参与录用员工面试，并负责做好新进员工的岗前技能培训以及现聘员工的岗位资格培训工作。

（2）根据本部门工作需要和人力资源部安排，做好部门之间员工岗位调整工作和转岗培训工作。

（3）及时做好本部门考勤统计、汇总，并积极配合做好工资、奖金的审核，上报人力资源部。

（4）本部门员工因故离岗、离职，终止、解除合同，在职员工退休、死亡，按酒店有关政策和规定，积极配合人力资源部办理各种手续，以及处理相关的劳动争议。

（5）做好本部门员工餐券发放工作，以及新进、调岗、离岗人员的工作服和更衣箱钥匙发放和回收工作。

（6）协同人力资源部做好本部门员工的职称和技术等级评定考核与审核申报。

8.餐饮经理与营销部

（1）餐饮经理应及时向营销部发送四季菜单和各种宴会菜单，以及年度、季度和月度的促销设想，以便营销部进行餐饮促销计划工作。

（2）涉及餐饮场所进行的重大促销或经营活动，餐饮经理在接到营销部的任务通知书后，应及时与营销部协调沟通。

## 七、楼面日常管理工作

楼面是餐饮部的主要工作场所。做好楼面管理工作，为客人提供最佳的食品服务以及良好的就餐环境，是餐饮经理每天最主要的工作内容。餐饮经理要做好楼面各项服务流程控制，确保所有服务都有条不紊地进行。

### （一）楼面服务流程控制

1.就餐环境检查

餐饮经理在进行楼面控制时，首先应对就餐环境进行检查，并对环境中出现的问题，及时解决。因就餐环境的检查是全天都要进行的，所以，餐饮经理应制定一张就餐环境检查表，做到随时检查，随时记录，如表1-13所示。

2.中餐服务流程控制

酒店餐厅一般会提供中、西餐两种用餐方式。两种方式的服务流程是不一样的，餐饮经理应根据相应的情况进行具体控制。

中餐服务流程有如下几步。

随手札记

表1-13　就餐环境检查表

| 序号 | 检查细则 | 等级 | | | |
|---|---|---|---|---|---|
| | | 优 | 良 | 中 | 差 |
| 1 | 玻璃门窗及镜面是否清洁，是否无灰尘、无裂痕 | | | | |
| 2 | 窗框、工作台、桌椅是否无灰尘和污渍 | | | | |
| 3 | 地板有无碎屑及污痕 | | | | |
| 4 | 墙面有无污痕或破损处 | | | | |
| 5 | 盆景花卉有无枯萎带灰尘现象 | | | | |
| 6 | 墙面装饰品有无破损、污迹 | | | | |
| 7 | 天花板有无破损、漏水痕迹 | | | | |
| 8 | 天花板是否清洁，有无蜘蛛网 | | | | |
| 9 | 通风口是否清洁，通风是否正常 | | | | |
| 10 | 灯泡、灯管、灯罩有无脱落、破损、污渍 | | | | |
| 11 | 吊灯照明是否正常，吊灯是否完整 | | | | |
| 12 | 餐厅内温度和通风是否达标 | | | | |
| 13 | 餐厅通道有无障碍物 | | | | |
| 14 | 餐桌椅是否无破损、无灰尘、无污渍 | | | | |
| 15 | 广告宣传品有无破损、灰尘、污痕 | | | | |
| 16 | 菜单是否清洁，是否有缺页和破损 | | | | |
| 17 | 台布是否清洁卫生 | | | | |
| 18 | 背景音乐内容是否适合就餐气氛 | | | | |
| 19 | 背景音乐音量是否适中 | | | | |
| 20 | 总的环境是否能吸引客人 | | | | |

（1）热情迎客。领台员引领客人进入餐厅后，区域的服务员应主动上前向客人问好，如果是常客，餐饮经理可以亲自问好。根据客人意愿及当时餐厅情况，选定合适餐桌，尽量使客人在餐厅中分布均匀，并拉椅让座。然后根据客人人数立即调整餐桌布置，增加或减少餐具数量。中餐散客服务的餐桌摆设较为简单，一般包括骨碟、汤碗、匙、筷、水杯、酒杯、公筷等，而且应尽量避免让互不相识的客人同桌用餐。

（2）上茶。替客人斟茶或倒冰水，并递上毛巾（纸巾）。

（3）接受点菜。服务人员需了解时令的菜肴及当日的特别菜式，以便接受点菜，并适时提供建议，递上菜单时须先女后男，先长后幼。

（4）开单下厨。点完菜，应重复一遍客人所点的菜式，以免有误，然后将点菜单其中一联送入厨房，交由厨师制作，另一联送入前台等待结账。

（5）按序上菜。上菜必须按照中餐

进餐次序及时进行。服务员应主动向客人介绍菜式，视情况主动替客人派菜，并询问客人对菜肴的意见。上第一道菜后，应替客人添酒，并询问是否需要上饭。

(6) 结账。客人用餐结束时，主动询问客人还需要什么服务。如客人示意结账，应尽快从其右边递上账单，按规定结账，并记得道谢。

(7) 礼貌送客。客人离席，应替客人拉椅，道谢，欢迎再次光临。

(8) 整理餐桌，重新铺台。待客人走后，应及时整理餐桌，重新铺台，准备迎接下一桌客人。

餐饮经理可以制定一套完整的中餐服务流程规范，以便对上述工作的督导随时都有据可依。

**【范例04】**

### ××酒店中餐服务规范

1.目的

为规范中餐服务工作，使作业标准化，提升餐厅服务形象，特制定本流程规范。

2.适用范围

适用于中餐服务。

3.内容

3.1 准备。

3.1.1 班前会。

（1）进行个人仪表、仪容检查，制服穿戴要干净整洁、符合要求。

（2）进行工作安排。

（3）听取部门工作指令。

（4）了解厨房当天菜点水果供应情况和当天特色菜点的原料、口味和烹饪方法等。

3.1.2 服务员自查。

（1）复查本档分区内的台子、台面、台布、台面餐具、各种调味品、烟灰缸、牙签、火柴、台号牌等是否齐全整洁、放置是否符合要求；椅子与所铺的席位是否对应等。

（2）备好点菜单、酒水单、笔，整洁的菜单、托盘、备用餐具、小毛巾、工作台内储存品等。

（3）检查完毕，餐饮经理及管理人员组织部分服务员站立餐厅门口等候第一

**随手札记**

位客人，然后各就各位，站立于分工区域规定的迎宾位置，站姿端正，两手交叉于腹前，仪态端庄，微笑自然，迎候客人。

3.2 引座。

3.2.1 咨客按规定着装，仪容端庄，仪表整洁，站立于餐厅正门一侧，做好迎宾准备。见客前来，应面带微笑，主动招呼："您好，欢迎光临。"

3.2.2 对熟悉的客人用姓氏招呼，以示尊重，问清客人人数，是否有预订。

3.2.3 然后后退半步作出"请"的姿态领台。走在客人前方，按客人步履快慢行走，如路线较长或客人较多，应适时回头，向客人示意，以免走散。

3.2.4 将客人引至桌边，征求客人对桌子及方位的意见："先生/小姐，对这桌子还满意吗？"待客人同意后让客人入座，将坐椅拉开。当客人坐下时，用膝盖顶一下椅背，双手同时送一下，让客人坐在离桌子合适的距离。

3.2.5 站在客人的右侧后方，用右手将打开到第一面的菜单和饮料单送给客人，要考虑先女宾后男宾。将值台服务员礼貌地介绍给客人。客人就餐结束离开餐厅时，应微笑送别客人，说："请走好，欢迎再次光临。"

3.2.6 引座时，应视不同对象、人数，引领至最合适的位置。

3.2.7 引领每一批客人结束时，应在当日的"餐厅客流登记单"上做好记录，记清时间、台号、人数。

3.3 点菜。

3.3.1 上饮料。

服务员站在客人的右后方，对客人表示欢迎，并作简单自我介绍。

（1）按顺时针方向，为客人逐一打开餐巾。

（2）在客人阅读菜单时，可轻声征询主客："是否要些饮料"。

（3）开饮料菜单应用三联单：一联送酒吧；一联送账台；一联留底备查。

（4）如客人暂时不要饮料，可在点菜时再征询。

（5）上饮料用托盘，托盘内放垫巾。

（6）上饮料、酒水，为客人斟第一杯，斟倒时，一律用右手从客人右边进行。有气泡的饮料要沿杯壁倒下，一般斟至杯子的八成满。

（7）斟酒时，酒瓶标签朝向客人。

3.3.2 点菜服务。

（1）见客人有点菜的意图，即上前征询："我现在可以为您点菜吗？"

（2）点菜服务时，站在客人斜后方可以观察客人面部表情的地方，上身微躬。

（3）如客人不知点什么菜肴时，应向其介绍、推荐合适的菜肴："请允许我向你们推荐××菜，这是我们酒店的特色菜。××菜是我们主厨的拿手菜，我想你们会喜欢的。"

（4）将客人所点的菜肴记在四联单小票上，要字迹清晰，易于辨认。

（5）将客人的点菜内容复诵一遍，请客人确认。

（6）如客人用餐时间较紧，而点的菜费时较长，则应及时征求客人意见："您点的××烹制可能需要××（时间）。您有时间等候吗？"

（7）如客人对菜肴有特殊要求，要

在点菜单上写明，待收银员签字后，第一联送至厨房，第二联收银员自留，第三、第四联由传菜员、看台员留底备查。

3.4 上菜。

3.4.1 托盘服务。

（1）上菜一律用托盘，左手托盘，右手上菜。

（2）分量重的菜放在托盘当中，热菜和冷菜要分开放置。

3.4.2 上菜。

（1）上菜前，先检查一下所上的菜肴与客人点的菜是否相符。

（2）上菜前，可把花瓶和台号牌撤去。

（3）中菜按冷盆→炒菜→鱼→蔬菜→汤→饭（点心）→水果的顺序上菜。

（4）上菜时，要轻步向前，轻托上桌，到桌边右脚朝前，侧身而进，托盘平稳，放盘到位，报准菜名，作适当介绍；放菜时，手要轻。有造型的菜和新上的菜要放在主客面前。

（5）上整鸡、整鸭、整鱼时，要主动为客人用刀叉划开，注意鸡不献头、鸭不献掌。

（6）满足客人其他要求。

3.5 餐后。

3.5.1 如客人点用水果、甜点、咖啡等，先收去客人用过的餐具，再上甜点、水果和咖啡。

3.5.2 送小毛巾。左手托盘，在客人右边，用右手送上毛巾，同时说："先生/小姐，请用毛巾。"

3.6 结账。

3.6.1 当顾客向楼面服务员发出结账要求时，服务员应首先查看点菜单上的菜点与酒水是否与顾客桌上的相符，然后马上请负责结账的主管前来为顾客服务。

3.6.2 如果有不符的，要与顾客核对无误后再行结账。没有上的菜点，应立刻到厨房作查询，还没做的应请部长作取消菜式处理，已经在做的菜点，则应从减少餐饮企业损失的角度出发，说服顾客将菜吃完再结账，并重复一次顾客结账的要求，以免造成"赶客"的误会。

3.6.3 当顾客给予肯定的答复时，顺便询问顾客有没有本餐饮企业的优惠卡，

随手札记

如有将顾客的点菜单和优惠卡送到收银台，让收银员进行结算。

3.6.4 将账单用专用夹夹好送到顾客面前时，如果不止一位顾客，应轻声问："请问由哪位付账呢?"然后将账单拿到付账人身边展开，用右手食指指着结账单上的金额告诉顾客："多谢惠顾，您只需付这个数目就好了。"并将顾客的优惠卡交还给顾客。

3.6.5 如果顾客是驾车来餐饮企业的，应给顾客的汽车保管票据盖章，使顾客享受免费停车服务。还要感谢顾客对餐饮企业的捧场，欢迎下次再来。

3.7 送客。

3.7.1 客人离开时，应为其拉开座位。

3.7.2 为客人递上衣帽，在客人穿衣时配合协助："这是您的衣服，我来帮您穿上。"同时提醒客人别忘记自己所带的物品。

3.7.3 微笑着向客人道别，并再次表示感谢。

3.7.4 及时检查是否有客人遗忘的物品，发现后及时送还客人。

3.8 收台。

3.8.1 客人离开后，要及时翻台。

3.8.2 收台时，先收餐巾、毛巾、玻璃器皿、银器，然后由小件到大件依次收去桌上的餐具。

3.8.3 按铺台规格重新铺好台，擦净台面用具，摆好椅子，迎接新的客人。

### 2.西餐服务流程控制

西餐服务的风格是多种多样的，但无论何种服务，都须有一定的程序。西餐服务的整体流程与中餐非常类似，但西餐服务最重要、最讲究的是每道菜上菜的次序，例如沙拉之后才上主菜，如果顺序颠倒，则会影响客人用餐的情绪和食欲，餐厅的服务也会显得不专业了，餐饮经理应特别留意。

像中餐一样，餐饮经理可以同样制定一套精准的服务流程规范，来对西餐的整个过程进行控制。

**【范例05】**

**××酒店西餐点菜服务流程**

一、餐前

1.饮料

（1）客人就座后，服务员来到桌边对客人表示欢迎，并自我介绍："欢迎光临，为各位服务很高兴，我叫××。"

（2）在客人右侧为客人倒冰水，倒至六成即可。

（3）站在客人右侧，呈上酒单请客人点单："这是酒单，请问餐前需要些什么酒水？"

（4）记住客人点的酒水饮料，并向客人复述一遍。

（5）开三联酒水单，一联送酒吧，一联交账台，一联留底备查。

2.斟酒或饮料

（1）有气泡的酒水和饮料应站在客人右侧沿杯壁徐徐倒入杯中至八成左右。

（2）斟酒见斟酒服务流程。

3.点菜

（1）从客人右边送上菜单："请看

菜单”。

（2）见客人有点菜意图即上前征询：“现在可以为您点菜吗？”。

（3）站在客人右侧，呈上菜单并请客人点菜。

（4）将客人要点的菜点记在四联单的小票上，字迹清晰，易于辨认。

（5）将客人点菜内容复述一遍，请客人确认：“您点的是××，对吗？”

（6）如客人点菜有煮蛋、牛排等，要问清喜欢何种生熟程度。

（7）如客人用餐时间较紧的话，而点的菜费时较长，则应及时提醒客人，征求意见：“您点的××，烹制可能需要××（时间），　您有时间等候吗？”

（8）如客人对菜肴的特殊要求，在菜单上要标明，第一联交厨房，第二联收银台，第三、四联由服务员、传菜员留底备查。

二、上菜

1.托盘

上菜一律用托盘，左手托盘，右手上菜。

2.上菜服务

（1）根据客人点菜，安排好上菜顺序：面包→白脱→头盘→汤→主菜→甜品→咖啡→茶。

（2）用右手从客人的右边上菜。

（3）上菜要报菜名。

（4）根据所上的菜提供派菜，跟上调味品及各种沙司，服务时站立于客人的左侧。

（5）从客人的右边撤盘。

（6）上甜品前，将主菜的餐具及盐、胡椒瓶、玻璃杯等撤去，左手托盘右手拿折好的手巾轻轻清除台面的面包屑。

（7）从客人的右边送上咖啡、茶，咖啡杯、茶杯放在垫盘上，盘内放一把咖啡匙，并跟上糖、奶。

三、餐间

（1）随时与厨房联系，调整出菜速度。

（2）注意添加酒、饮料、面包、黄油、咖啡、茶等。

（3）调换碰脏的餐具，失落的刀、叉、匙等。如客人要抽烟，应为其点烟，

随手札记

拿换烟灰缸。

（4）满足客人其他要求。

四、结账

（1）客人用餐完毕，问清不再要什么时，可为客人结账。

（2）问清统一开账或分开账单。

（3）呈送账单前将账单与小票复核一下是否相符。

（4）用收银夹送上账单："这是您的账单"。

（5）客人用现金、信用卡或签字结账。

（6）结账完毕，向客人道谢。

五、送客

（1）客人离开时，应为其拉开座位。

（2）为客人递上衣帽，在客人穿衣时配合协助："这是您的衣帽，我来为您穿上。"

（3）微笑向客人道别，并再次表示感谢。

（4）领台员在门口微笑送别客人，并说："谢谢，欢迎再次光临"。

（5）及时检查是否有客人遗忘物品，发现后及时送还客人。

六、收台

（1）客人离开后，要及时收台。

（2）按收台流程依次收去台面的餐具，要注意分类码放。

### （二）楼面现场控制

在对中西餐服务流程管理工作过程中，餐饮经理应随时准备好现场控制。所谓现场控制，是指监督现场正在进行的餐饮服务，使其规范化、程序化，并迅速妥善地处理意外事件。这是餐饮经理的主要职责之一，餐饮经理也应将现场控制作为管理工作的重要内容，见表1-14。

在服务过程中，餐饮经理或主管还应根据客情变化，进行再分工。例如，某一个区域的客人突然来得太多，就应从另外区域抽调员工支援，等情况正常后再调回原服务区域。

**特别提示：**

当用餐高潮已过，餐饮经理则应让一部分员工暂时休息，留下一部分人员工作，到了一定的时间再交换，以提高工作效率。

## 八、客人投诉处理

餐饮部有别于酒店其他部门的最大特点，在于服务的即时提供和消费的即时完成，因而在服务及消费的过程中，稍有不慎，极易引起客人的投诉。遇到投诉，任何辩解都无济于事，关键在于诚恳、虚心地聆听客人的投诉，并理清投诉的种类，掌握解决要领，再按投诉处理程序予以解决。

作为餐饮经理，不应只注重厨房或楼面的管理运作，更要能勇于接受来自不同领域或层面的客人提出的意见，这样才能精益求精。

表1-14　楼面现场控制

| 现场控制 | 内容 |
| --- | --- |
| 服务程序的控制 | 开餐期间，餐饮经理应始终站在第一线，通过亲自观察、判断、监督，指挥服务员按标准服务程序服务，发现偏差，及时纠正 |
| 上菜时机的控制 | 掌握首次斟酒、上菜的时机，要请示客人，尊重客人的意见；在开餐过程中，要把握客人用餐的时间、菜肴的烹制时间等，做到恰到好处，既不要让客人等待太久，也不应将所有菜肴一下子全送上去。餐饮经理或餐厅主管应时常提醒服务员掌握好上菜时间，尤其是大型宴会，上菜的时机应由餐厅主管掌握 |
| 意外事件的控制 | 餐饮服务是面对面的直接服务，容易引起客人的投诉。一旦引起投诉，餐饮经理一定要迅速采取弥补措施，以防止事态扩大，影响其他客人的用餐情绪。若是由服务态度引起的投诉，餐饮经理除向客人道歉外，还应替客人换一道菜。发现有喝醉酒的客人，餐饮经理应告诫服务员停止添加酒精性饮料。对已经醉酒的客人，要设法帮助其早点离开，以保护餐厅的气氛 |
| 人力控制 | 开餐期间，服务员实行分区看台负责制，在固定区域服务。服务员人数的安排要根据餐厅的性质、档次来确定(一般中等服务标准的餐厅或者餐桌，可按照每个服务员每小时能接待20名散客的工作量来安排服务区域) |

在日常工作中，餐饮经理会经常遇到投诉，如果是投诉其他部门比如前厅部、客房部等，餐饮经理应通知该部门员工亲自来处理。如果是投诉餐饮部，比如客人投诉饭菜分量不够等，餐厅员工无法应对时，餐饮经理应亲自出面解决问题。

要想更快捷的处理客人投诉，餐饮经理应将不同客人投诉情况进行分类，以便

随手札记

采取恰当的应对方法。

### （一）客人投诉的类型

客人投诉的类型，如表1-15所示。

表1-15　客人投诉类型

| 序号 | 投诉类型 | 特点 |
| --- | --- | --- |
| 1 | 批评性投诉 | 客人心怀不满，比如饭菜质量不太合胃口，但也不是很难吃，客人情绪相对平静，只是把这种不满告诉投诉对象，不一定要餐饮经理作出什么承诺 |
| 2 | 建设性投诉 | 客人一般不是在心情不佳的情况下投诉的，恰恰相反，这种投诉很可能是随着对餐饮部服务工作的赞誉而发生的。例如客人觉得吧台提供的鸡尾酒味道很好，但种类偏少，建议餐饮部增加种类等 |
| 3 | 失望型投诉 | 客人要求的服务项目，如尽快上菜，由于餐饮部员工的粗心大意而耽误了，这种情况会引起客人的失望与恼火。处理这类投诉的有效方法是尽快使客人消气，并立即采取必要的补救措施 |
| 4 | 理智型投诉 | 当客人受到冷落或不礼貌的待遇后，比如餐厅服务员给后到的客人先上菜时，会产生不满的情绪，但是不会因此而动怒。理智型投诉是客人在比较冷静的情况下提出的投诉，一般都是较为合理的要求。该类客人比较通情达理，只要餐饮部立即采取改进措施，就会得到他们的谅解。但若处理不当，客人就可能会要求酒店赔偿，使事态扩大 |
| 5 | 补偿型投诉 | 提出补偿型投诉的客人觉得自己的利益受到了损害，言辞较为激烈，其注意力并不集中在酒店是否能够给予合理的解释，而是希望得到实质性的补偿。比如有些客人觉得饭菜量与自己设想的相比较少，可能会提出补偿要求 |

### （二）理智应对客人投诉

不管是哪种类型的投诉，餐饮经理都应当理智对待。客人是酒店的衣食父母，是餐饮部的主顾，自然有理由抱怨。餐饮经理应能充分理解，并随时做好准备，接受客人的投诉。客人投诉时，应采取良好的态度应对，而切不可粗暴无礼，具体应对措施和原则。见表1-16。

### （三）投诉处理的流程

客人投诉一般是指客人将他们主观上认为由于酒店工作的差错而引起的麻烦，或者损害了他们的利益等情况，向酒店有关部门、有关人员进行反映。每个酒店都希望向客人提供尽善尽美的服务，使每一位客人都满意，但事实上投诉是不可避免的。

酒店一般会制定处理服务质量投诉的

表1-16　应对客人投诉

| 序号 | 应对方法 | 内容 |
| --- | --- | --- |
| 1 | 保持冷静，缓和情绪 | 处理投诉，只有在心平气和的状态下，才能有利于解决问题。因此，餐饮经理和部门员工在接待投诉客人时，要冷静、理智，礼貌地请客人坐下，请他慢慢讲。此时重要的是让客人觉得酒店很在乎他的投诉。不要急于辩解，否则会被认为是对他们的指责和不尊重。另外，要与客人保持目光交流，身体正面朝向客人以示尊重。先请客人把话说完，再适当问一些问题以了解详细情况。说话时要注意语音、语调、语气 |
| 2 | 同情和理解客人 | 当客人前来投诉时，餐饮经理及部门员工应当表示欢迎，尊重他们的意见，并同情客人，以诚恳的态度向客人表示歉意，注意不要伤害客人的自尊。对客人表示同情，会使客人感到你和他站在一起，从而减少对抗情绪，有利于问题的解决。例如可以说："这位先生(女士)，我很理解你的心情，如果是我可能会更气愤。" |
| 3 | 真诚致谢 | 尽管客人投诉有利于改进餐饮部服务工作，但由于投诉者的素质水平、投诉方式各不相同，难免使接待者有些不愉快。假若客人遇到不满的服务，他不告诉酒店，而是讲给其他客人或朋友听，就会影响到酒店的声誉。所以当客人投诉时，餐饮经理及部门员工不仅要真诚地欢迎，而且还要感谢客人 |
| 4 | 要维护酒店应有的利益 | 餐饮经理及部门员工对客人的投诉进行解答时，必须注意尊重事实，不能推卸责任或随意贬低他人，应从酒店整体利益出发，避免产生矛盾，否则，客人会更加反感。除非客人物品因酒店原因遗失或损坏应给予相应的赔偿外，退款或减少收费不是处理投诉的最佳方法。酒店的服务目标，应该是在客人满意最大化的前提下，达到酒店利益的最大化 |

随手札记

原则、方法和措施。餐饮经理应掌握投诉处理的程序，以便带领餐饮部员工熟练应付。具体投诉处理流程如图1-9所示。

## （四）常见投诉及处理方法

客人投诉的类型有很多种，对于常见的投诉，餐饮经理应当总结经验，以便自己和员工下次遇到时都能及时处理。

1.不能满足客人点菜要求时

当客人依据菜单点菜时，碰到所点的菜或希望品尝的菜没有而遭到拒绝，或者换一道菜后（也是客人比较喜欢的菜），可服务员又说“对不起，此菜今日也没有供应”，客人就会非常懊恼。尽管服务员彬彬有礼，客人也会对服务产生不满。因此，餐厅须做到“凡是菜单上列出的、只要是客人需要的，都必须保证供应”，这样才能使客人对酒店的服务产生好感。

为了保证供应菜单上的所有菜式，餐饮经理必须在管理上突出菜单的地位，使各项业务如销售预测、原料采购、厨房生产、仓库储存量控制、厨房与餐厅协调等都以菜单为纲进行运转。

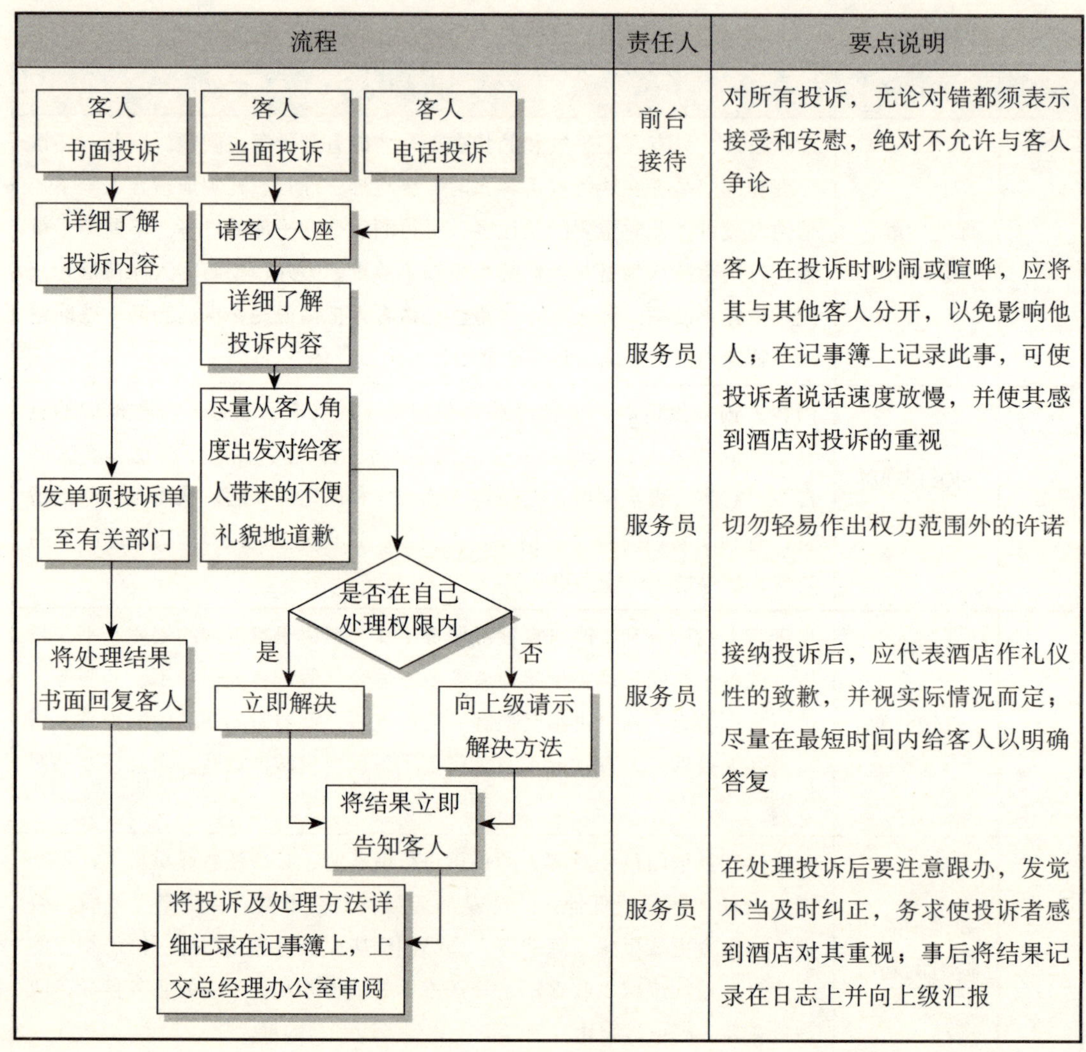


图1-9　投诉处理流程

在营业时间临近结束或某种所需原料“断档”时，此类事件难免发生。这时厨房应尽早通知餐厅，以便在客人点菜前告知，并请客人原谅，取得客人的谅解。若客人对于某菜不能提供而感到遗憾时，可让餐饮经理出面，向客人致歉，并向客人推荐价格、菜质相似的其他替代菜肴。

2.客人投诉菜肴质量时

客人投诉菜肴质量时的应对方法，见表1-17。

3.汤、汁洒在客人身上

若服务员操作不小心将汤汁、菜汁洒在客人身上时，由餐饮经理出面，诚恳地向客人表示歉意，并由服务员及时用干净

表 1-17　客人投诉菜肴质量时应对方法

| 序号 | 投诉情况 | 应对方法 |
| --- | --- | --- |
| 1 | 若客人提出的菜肴质量问题可以通过重新加工得以解决，比如：口味偏淡、成熟度不够等，服务员应对客人说：“请稍候，我让厨房再给您加工一下。”然后向餐饮经理汇报，经其同意后撤至厨房进行再加工，并保证在10分钟内加工完毕重新上桌 | 重新加工 |
| 2 | 若客人对菜肴原料的变质或对烹饪的严重失误提出质疑，服务员应向餐饮经理汇报，由经理出面表示关注与致歉，并应维护酒店形象。经理应对客人说：“十分抱歉。这是我们的一个失误，以后不会再发生的。我立即让厨房给您换菜，一定会让您满意。”并保证在15分钟内换上新菜。指示服务员给客人加菜，以示慰问 | 换菜 |
| 3 | 若客人在结账时提出菜肴有质量问题，又属实际情况时，加上客人是老主顾，可由餐饮经理决定给予菜肴一定折扣，以九折或九五折为妥 | 价格折扣 |

的毛巾为客人擦拭衣服，动作轻重适宜。

根据客人的态度和衣服被弄脏的程序，由餐饮经理主动向客人提出为客人免费洗涤的建议，洗涤后的衣服要及时送给客人并再次道歉；若衣服弄脏的程度较轻，经擦拭后已基本干净，餐饮经理应为客人免费提供一些饮料或食品，以示歉意。在处理此类事件时，餐饮经理不应当着客人的面批评指责服务员，内部问题放在事后处理。

用餐途中若客人出于粗心，在衣服上洒了汤、汁，看桌服务员应迅速到场，主动为客人擦拭，同时要安慰客人；若汤汁洒在客人的菜台或台布上，服务员要迅速清理，用餐巾垫在台布上，并请客人继续用餐，不能不闻不问。

4.服务员对客人不礼貌

（1）避免在先。餐饮部服务员须经过严格的职业道德和服务标准培训，在观念上树立“客人永远是对的”意识，绝不可对客人不礼貌。

（2）让服务员回避。一旦发生服务员与客人争吵，餐饮经理应立即出面，首先让服务员离开服务现场，然后以经理身份向客人道歉，认真倾听客人的投诉，主动替服务员向客人认错，最后表示一定会认真对该服务员进行教育、处理。

（3）替换服务员。对于屡次在服务现场与客人发生争执或对客人不礼貌引起客人不满的服务员，必须将其撤离岗位，由能胜任对客服务工作的、素质良好的服务人员担当。

5.其他客人投诉情况及处理方法

（1）餐厅坐满了客人，值台服务员忙不过来，又无人帮忙。保持镇定，先给客人菜单及冰水或茶水，尽量及时地错开为二桌或三桌客人同时服务，迎宾员此时也应主动协助点菜及开票打单，不能让客人产生不受重视的不良感受。

（2）由于突然增加了许多客人，厨房烹调食品的速度跟不上。倒茶水给客人，提供更多的饮料，告诉客人菜还未好，不要让客人觉得他（她）的菜被遗忘了。

（3）儿童吵闹。设法使儿童高兴，令其喜欢。但尽量不要抱客人小孩及带其远离其父母周围。

（4）食品做得不符合客人要求。上菜后注意客人3～5分钟，看客人是否满意，如客人有意见及时解决。

（5）客人说食品熟的程度不够或凉了，应说：“我给您拿回厨房继续做好或加热”，并迅速送至厨房。

（6）食品烧得过老而不能弥补时。应向客人道歉，马上重新做一份或建议客人另点其他菜肴，并说明会很快做好。

（7）客人因不满而说“不会再来”时，请餐饮经理处理，并给客人的消费予以优惠。

（8）服务员忘记将点菜单送进厨房。发现时客人已等了很长时间，马上将点菜单送至厨房，请餐饮经理向厨房主管或厨师长请求协助立即为客人做菜，同时向客人道歉，可免费提供客人一杯咖啡，必要时还可提供一些饮料。

（9）客人因急于赶飞机或火车，希望快点进餐。要耐心安抚客人，并主动为客人介绍一些方便快餐。主动去厨房商量，请其及时、迅速地为客人做好餐点，使客人不致因焦急而产生不快。

（10）有些客人在心情不愉快时，会特别烦躁，但又不愿被服务员发现。对待这种客人，一定要谨慎小心，尽量由熟练服务员接待，方法是主动送饮料，热情介绍菜点，用细致的服务去投其所好，取得较好的效果。

## 九、突发事件应急处理

突发事件也就是突然发生的事情：一是事件发生、发展的速度很快，出乎意料；二是事件难以应对，必须采取非常规方法来处理。

### （一）识别酒店常见的突发事件

酒店常见的突发事件有：

（1）治安：抢劫、绑架、斗殴、凶杀、自然死亡、坠楼、恐怖活动。

（2）消防：火灾、技防失效。

（3）自然灾害：水灾、雷击、暴风、地震。

（4）食品卫生：中毒。

### （二）制定应急预案

突发事件因其具备突然的特性，餐饮经理每日都必须有应对突发事件的警醒心态。同时，在平时就要识别出酒店有哪些常见的突发事件，并且就这些突发事件制订应急预案，如下例所示。

【范例06】

××酒店餐饮部门突发事件应急预案

（一）治安事件

1.抢劫案件应急措施

（1）当餐饮部门发生抢劫案件时，如劫匪持有武器（指枪械），在场员工应避免与匪徒发生正面冲突，保持镇静，并观察匪徒的面貌、身型、衣着、发型及口音等特征。绝不可草率行事，以免造成不必要的伤亡。如监控中心发现餐饮部门内发生劫案，应立即告知部门经理或值班经理，并按指示向110报警。

（2）如劫匪乘车逃离现场，应记下其车牌号码、颜色、车款或牌子等，并记

随手札记

清人数。同时，可以乘的士或其他交通工具跟踪并用通信工具向110报告方位和地点，以便警方组织力量设卡拦截。在跟踪的过程中要注意隐蔽，以确保自身安全。

（3）保护好现场。劫匪遗留的凶器、作案工具等不要用手触摸，划出警戒范围，不要让无关人员进入现场。

2.绑架人质案件应急措施

（1）当餐饮部门发生人质绑架案件时，餐饮部门员工应立即向餐饮经理、值班经理和保安部报告。

（2）相关人员接报后应急处置小组须第一时间报警。

（3）在警方到达之前应封锁消息，严禁向无关人员透露现场情况，以免引起客人惊慌和群众围观，导致劫匪铤而走险，危害人质安全。

（4）尽量满足劫匪的一些合理要求，如送水、送食物，以稳定劫匪的情绪。

3.斗殴案件应急措施

（1）当餐饮部门如餐厅内发生斗殴事件时，应立即制止劝阻及劝散围观人群。

（2）如双方不听制止，事态继续发展，场面有难以控制的趋势时，应迅速报告公安机关及通知餐饮部门相关部门人员。保安员应在现场戒备，防止事态扩大。

（3）如餐饮部门物品有损坏，则应将斗殴者截留，要求赔偿。如有伤者则予以急救后交警方处理。现场需保持原状以便警方勘查，并协助警方辨认滋事者。

4.凶杀、自然死亡、坠楼案件应急措施

（1）当餐饮部门内发生凶杀案时，餐饮经理及部门员工应立即向总经理、部门经理、值班经理和保安部报告。

（2）接报人员需第一时间报警并立即成立应急处置小组，应急处置小组需有效协助警方开展工作，在最短时间内清理现场。

（3）保安员协助警方勘查现场，尽快运走尸体、清理现场。

（4）保安部、人力资源部配合警方做好善后处理工作。

5.恐怖活动案件的应急措施

（1）恐怖活动主要有爆炸可疑物和爆炸恐吓两种方式。

①爆炸可疑物。

餐饮部门内发现爆炸可疑物时，需第一时间报告保安部；保安部接到报告后应立即勘查现场，但不得轻易碰触可疑物，在无法确认可疑物品时，应马上报警，并划出警戒区，禁止无关人员接近；保安部请总机通知突发事件处置小组成员到店协助警方开展工作；监控中心按可疑物外形通过监控录像查找嫌疑人，收集相关资料交警方处理；保安部、人力资源部配合警方做好善后处理工作。

②爆炸恐吓电话。

当餐饮部门接到爆炸恐吓电话时，接听人员应尽量获取尽可能多的来电信息，并在接听过程中录音；电话挂断后，接听人员须立即向部门经理、总经理和保安部汇报，不得对外散布任何消息；总经理视情况果断报警；保安部可以从相关部门抽调人员经警方现场培训后协助警方对全餐饮部门非重点范围进行可疑物搜索；应急处置小组应防止肇事者在餐饮部门公共场所散布不满和制造恐慌；如发生意外有人员受伤时，人力资源部负责组织人员抢救，客房部负责人员疏散、引导；如事件现场涉及电器和机械设备，工程部须配合警方工作；保安部将收集的电话录音等相关资料交予警方处理，并跟踪案件处理结果。

（二）消防

1.火灾

（1）当餐饮部门发生火警时，消防控制中心接警后，须立即赶赴现场查看，确认发生火灾后应立即通知消防控制中心。

（2）消防中心接到火灾确认信息后，应马上告知总机通知突发事件应急处置小组成员到消防中心组成灭火指挥部。同时，通知当班保安领班组织保安员按火场岗位安排开展疏散、灭火、救援工作。

（3）消防中心及时向总指挥（总经理）汇报火势情况，并按照总指挥的指示及时报警。

（4）火灾扑灭后，保安部负责火灾现场保护，协助消防机构调查火灾原因。

（5）餐饮部写出“事故报告”，分析火灾成因，改善防火措施。

（三）自然灾害应急措施

1.确认受灾范围

（1）当水灾、雷击、暴风、地震等自然灾害事故发生后，消防中心应马上确认受灾范围，并通知大堂经理、值班经理组织各部门值班人员对部门辖区内的受灾情况进行清查。

（2）消防中心告知总机通知总经理及突发事件应急处置小组其他成员赶到消防中心，成立救灾指挥部，指挥各部门人员消除灾害，恢复生产。

2.应急处理

（1）餐饮部各部门应对辖区内的电、气、油进行清查，防止出现泄漏引发火灾，发现存在隐患时应通知工程部立即进行处理。一旦出现火警，立即按“火警紧急操作流程”处理。

（2）因灾害事故导致设施、设备严重受损时，若存在安全隐患，如：幕墙或顶棚玻璃坠落、屋顶水池漏水等，应立即对可能出现安全事故的地面区域进行封锁，工程部安排紧急抢修，排除二次灾害隐患。

（3）出现以上紧急情况，若需疏散

随手札记

人员，由救灾指挥部确定疏散路线并组织疏散。

3.事故报告

餐饮部各部门在受灾清查、处理结束后，把情况汇总到救灾指挥部（消防中心），由突发事件应急处置小组出具事故报告。

## （三）突发事件演练与总结

为了使应急预案能够得到有效的执行，餐饮经理应针对其中一些事件进行演练，以检测预案制订是否合理、有效。餐饮经理可以制订相应的演练方案，依照方案展开演练，如下例所示。演练完毕后，餐饮经理应及时进行总结。如果应急预案中有不合适的地方，要及时修正。

【范例07】

### ××酒店应急疏散演练方案

一、时间：××××年××月××日下午××：××。

二、地点：餐饮部二楼，模拟火场设在厨房。

三、目的：提高酒店管理人员在处置突发事件时的心理素质和应急疏散技能。

四、演习指挥部设在二楼吧台。

五、参加演练部门：餐饮部全体人员，酒店各部门经理。

六、厅房“客人”：安全总务部3人、厨房10人、前厅部10人（人员安排在二层电梯口向北、向西所有厅房）。

七、后勤组：2人（××负责摄像，××负责按手动报警按钮。）

八、应急小组成员：

1.通信联络组：（略）。

2.灭火行动组：（略）。

3.疏散引导组：（略）。

4.现场警戒组：（略）。

九、场所布置：××（提前10分钟把人安排到位，门上贴模拟火场四个字）。

十、演练程序。

1.保安部报告：总指挥、餐饮部、前厅部联合应急疏散演练准备就绪，请指示。

2.总指挥宣布：应急疏散演练开始。×××按下手动报警按钮3分钟后复位。

3.警报鸣响，消防控制室听到报警后，查看报警点为厨房，及时用对讲机指挥餐饮现场人员 ××查看报警情况。××查看现场后及时用对讲机报告查看信息，（烟雾较大引起报警具体原因不详）。消防控制室将警报声消音，启用消防应急语音广播（中英日三种语音），餐饮部现场员工××向总机报告火情信息（厨房内烟雾较大引起报警具体原因不详），总机接到报警后，立即电话报告××（二层餐厅发生火情）。总指挥要求总机启动火灾火情处理程序，通知各应急小组到场，餐饮部现场员工用就近的灭火器灭火（只要把二楼灭火器拿到模拟现场就可以）。现场员工完成任务后协助疏散组引导客人到吧台。

4.各应急小组接到总机电话立即赶赴二层吧台待命（小跑）。

5.由现场总指挥按照应急预案的分工指挥各应急小组履行各自的职责。

6.总指挥指令

（1）通信联络组立即和消防部门联系请求支援，引导消防车进入酒店灭火。

（2）疏散引导组立即将现场客人疏散到“安全地带”二层吧台待命。

（3）现场警戒组立即维持现场秩序阻止无关人员进入火情区域，阻止客人乘坐电梯。

（4）灭火行动组立即切断电源从东西各出一支水枪到火场开展自救。

7.疏散引导时每个包间检查完后用粉笔做上标记，要求被疏散人员听从指挥，每人用小毛巾捂住口鼻，弯腰行走。人员疏散到餐饮吧台待命。

8.疏散引导组负责人向总指挥报告（原有客人××人，现已全部撤离请指示）。总指挥下达灭火行动组开展灭火自救指令（疏散演练结束）。

9.总指挥通知消防中心用消防广播向客人致歉。

十一、餐饮部员工列队（总指挥予以点评）。

十二、注意事项：

1.疏散人员：在疏散人员时要呼“有人吗？”如有，人要讲“请不要惊慌，我们正在查明报警原因，为了您的安全请跟我来。”

2.被疏散人员在途中要听从场所人员疏散指令，要弯腰行走，要注意安全，小心滑倒，要严肃对待演练。

3.前厅部提前告知住店客人，以免引起客人的惊慌。

4.商务中心制作横幅一条。

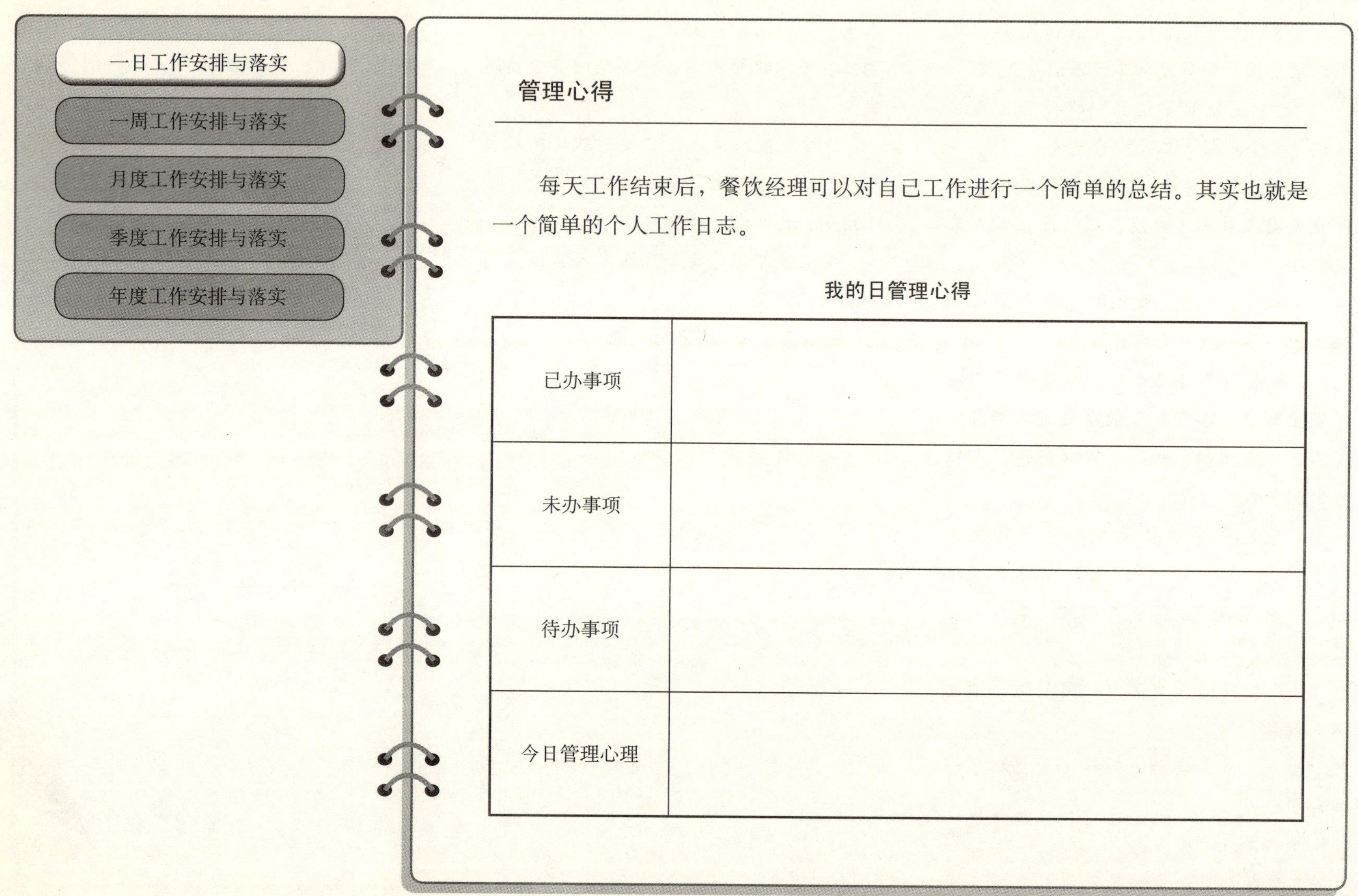


## 管理心得

每天工作结束后，餐饮经理可以对自己工作进行一个简单的总结。其实也就是一个简单的个人工作日志。

我的日管理心得

| 已办事项 | |
|---|---|
| 未办事项 | |
| 待办事项 | |
| 今日管理心理 | |

# 第二章

# 一周工作安排与落实

新的一周又开始了，该怎样来做好这一周的工作呢？仔细想想，本周有哪些主要工作：要对新入职员工进行指导；要对餐饮部安全、卫生等情况进行检查；需要为部门经理周例会作准备……

惨啦！事情这么多，怎样才能理清呢？仔细看看，哪些必须在第一时间内完成，哪些可以稍微往后延……

如果你每周都处于这种忙碌“晕”的状态，那就要做好一周工作安排与落实。通过本章学习，相信你一定可以远离这种状态，从而让工作更加有条理，更加轻松愉快！

## 一、制订一周工作计划

### （一）每周时间分析

餐饮经理可以将对从周一到周五，连续使用工作（活动）分项分析表（见表1-3）进行统计，将其统计结果分别填入表2-1中。误差就是实际用时与计划之差，无计划的工作事项，计划用时则计为零。

**特别提示：**

对于每一周的工作事项，你可以参照第一章中日计划里对工作事项相关分析，将工作按照紧急重要性进行安排，确保完成重要工作。

### （二）制订工作计划

有些工作要周一做，有些要周二做，那么餐饮经理如何安排一周的工作时间呢？可以制订一个周计划表，来对一周

表2-1　每周时间分析表

| 时间/活动 | 计划用时 | | | | | | | 实际用时 | | | | | | | 误差 |
|---|---|---|---|---|---|---|---|---|---|---|---|---|---|---|---|
| | 周一 | 周二 | 周三 | 周四 | 周五 | 总计 | 排序 | 周一 | 周二 | 周三 | 周四 | 周五 | 总计 | 排序 | |
| 召开部门早会 | | | | | | | | | | | | | | | |
| 到餐厅和厨房巡视 | | | | | | | | | | | | | | | |
| 给VIP客人打电话 | | | | | | | | | | | | | | | |
| 查看去年同期酒水销售情况 | | | | | | | | | | | | | | | |
| 开展食材采购工作 | | | | | | | | | | | | | | | |
| 起草安全管理计划 | | | | | | | | | | | | | | | |
| 向总经理汇报工作情况，听取各部门主管汇报工作 | | | | | | | | | | | | | | | |
| 接待VIP客户 | | | | | | | | | | | | | | | |
| 与酒店其他部门协调工作 | | | | | | | | | | | | | | | |
| …… | | | | | | | | | | | | | | | |
| 总计 | | | | | | | | | | | | | | | |

时间进行合理分配。表2–2是某酒店餐饮经理的周工作计划表。

表2-2　周工作计划

| 序号 | 工作内容 | 阶段目标 | 目标完成时间 | | | | | | | 责任人 |
|---|---|---|---|---|---|---|---|---|---|---|
| | | | 周一 | 周二 | 周三 | 周四 | 周五 | 周六 | 周日 | |
| 1 | 周计划卫生检查 | 厨房卫生抽查 | ○ | ○ | | | | | | |
| | | 公共区域卫生抽查 | ○ | ○ | ○ | | | | | |
| 2 | 配合人力资源部面试新员工 | 笔试 | | | | ○ | ○ | | | |
| | | 实操技能考核 | | | | | | ○ | | |
| 3 | 部门在职员工专业技能培训 | 新技能操作培训 | ○ | ○ | ○ | ○ | | | | |
| | | 基本操作技能提升 | ○ | ○ | ○ | ○ | ○ | ○ | ○ | |

**【范例 08】**

××酒店餐饮经理一周工作计划

一、卫生方面

本周重点加强两方面的检查：早班做餐厅卫生质量的检查、吧台卫生的检查。

二、工程方面

1.厨房有一台冰柜坏了。

2.餐厅两台收银机损坏了。

三、催购方面

1.冰箱1台。

2.炒锅25个。

3.××碗筷100副。

四、建立部门自检体系

建立部门自检体系，包括以下重点：

1.早班自检重点餐具清洁质量。

随手札记

2.中班接班后每天抽查昨日员工更衣室，自检卫生细节，整改早班遗留卫生情况。

五.、迎接检查

部门做好迎检的各项准备工作，具体如下：

1.卫生清洗消毒。

2.洗手池、加工间清洁与消毒。

3.吧台杯具、茶盘清洗消毒。

4.厨房空气质量消毒。

六、处理上周食材采购问题

1.上周六采购员××采购了一批面粉，检测未达标，应作退货处理，可与采购部具体协商。

2.库房虾类消耗较少，存货充足，无需进货，需通知采购部更改计划。

3.本周末有一个宴会单要处理，酒水不足，需从××分店调货。

七、食品安全大检查

最近一个月蔬菜进货过多，许多有败坏的迹象，扔掉可惜，不扔又担心会产生安全问题。本周重点工作是进行蔬菜的质量检查工作，人手不足，需请客房部支持。

现在，你可以此为参考，来制订一份自己的周工作计划表（见表2-3）。

表2-3　我的周工作计划表

| 序号 | 工作内容 | 阶段目标 | 目标完成时间 | | | | | | | 责任人 |
|---|---|---|---|---|---|---|---|---|---|---|
| | | | 周一 | 周二 | 周三 | 周四 | 周五 | 周六 | 周日 | |
| | | | | | | | | | | |
| | | | | | | | | | | |
| | | | | | | | | | | |
| | | | | | | | | | | |
| | | | | | | | | | | |
| | | | | | | | | | | |

## 二、主持部门周例会

餐饮经理既要主持本部门周例会，还要参加部门经理周例会。因此要妥善协调好两者的时间，避免发生冲突。

餐饮经理每天都要参加部门早会，但那只是安排一天的工作。而周例会是对一周工作的总结，并为下一周工作的开展做好安排。因此餐饮经理必须为会议做好充分准备，这要求他必须学会如何主持会议。以下几点是主持会议的要点，只要遵照实行，可以大大提高工作效率。

### （一）把握时间

开会最忌讳的就是拖延时间，因为每个人的时间都很宝贵，所以要让会议顺畅地进行，必须对每个议题的讨论时间做出限制。比如会议要讨论员工培训，处理投诉和厨房盘点三项议题，但在如何处理客人投诉问题上，与会者陷入了长时间的争论中，无法达成共识。这时候餐饮经理就应当作出决断，将这项议题搁置，留待下次会议再讨论，而接着下一项讨论。餐饮经理要尽力避免耽误其他议题的讨论工作。

餐饮经理也可以在会前制订一张例会时间控制表，明确规定各项议题的讨论时间，超过限定时间就要立刻终止讨论，如表2-4所示。

### （二）秉持民主作风

会议最好的模式是民主，而非专制。不要试图影响与会者，作出你想要的结论，更不要只凭你的职衔或权力来命令他人。一个好的餐饮经理应该使用说服，而不是强迫的方式来达成目标。

因此，餐饮经理在主持会议时应常态度和蔼，多用询问的口吻说话，比如“××，你对本周预订率下降有什么看法”或者“××，你觉得本周客人投诉增加的原因是什么？有什么解决办法

**表2-4　例会时间控制表**

姓名：　　　　　　　　　　会议日期：

| 时间<br>议题 | 限定时间 | 实际用时 | 中止原因 |
|---|---|---|---|
| 上一周餐厅突发事件总结 | | | |
| 上周新菜品推出情况 | | | |
| 本周宴会单的准备工作 | | | |
| 餐厅卫生检查 | | | |
| …… | | | |

呢？”，切不可粗暴蛮横，搞一言堂，以致挫伤与会者的积极性，使会议无法成功进行。

### （三）明确例会目的和议程

任何会议都必须有明确的目的，要提出什么问题，如何解决，解决方法有哪些，哪种方法更好。所有讨论都要围绕解决问题，达成目标而进行，切不可变成漫无目的的闲聊或争吵。为此，餐饮经理必须建立明确的例会议程，以使会议有条不紊地进行下去。下面是某酒店餐饮部一次周例会议程安排，仅供参考。

【范例09】

××酒店餐饮部议程

一、会议内容

1.召集人：餐饮部经理。

2.时间：每周五上午9:00～9:20。

3.地点：餐饮经理办公室。

4.参加人员：本部门各班组、岗位负责人。

5.讨论议题。

（1）各班组汇报本周工作，及上级交办事项的完成情况。

（2）通报本部门当日工作安排。

（3）厨房与餐厅间协调工作的汇报。

（4）客人意见的反馈。

（5）各班组自查问题汇报。

（6）听取部门负责人的工作点评及工作安排。

6.重点议题。

下周一世界五百强××公司董事长要来本店住宿，本次例会必须着重讨论这个事情。他对××食品有独特爱好，餐厅应重点准备。

二、会议要求

1.为维护酒店管理的规范化，保障政令畅通，信息传送及时，各班组必须按时召开各级例会。

2.例会召开以解决困难、听取汇报、下达指令、协调工作为宗旨，简明扼要，切忌扯皮、拖拉。

3.任何与会人员要遵守会议纪律，无法参加需向会议召集人请假，得到批准后方可缺席。

4.例会所做出的限期工作布置，由总办负责记录，由质管部负责向责任部门跟踪落实。

5.参加人员必须及时、完整地向下级传达会议内容、精神。

6.由总经理办公室整理“会议纪要”，下发各部门作为实施、检查和贯彻例会精神的依据。

7.例会要认真做好记录。

8.会议期间禁止吸烟、接打电话（把手机调到振动）或谈与会议无关的话题。

## 三、参加部门经理周例会

餐饮经理每周都要参加部门经理会议，此时是作为一个会议参加者而参与会议，那参加会议时要做好哪些事项呢？

### （一）有准备地赴会

餐饮经理在走进会议室之前，首先要弄清楚几个问题，比如谁召集了这次会议，为何召集等。当然周例会作为常规性会议，情况一般都比较清楚，通常都是总经理召开，各部门经理参加。但如果是紧急会议就不一样了，因此要明确开会讨论的问题，最好做一张表，如表2-5所示。

餐饮经理最好事先把会议中需要讨论的问题或事情列出来，在参加会议时可以用来提醒自己。餐饮经理需要准备好上周工作总结和本周工作计划，以便向总经理做好汇报工作，以及与其他部门进行有效沟通。

通常餐饮经理需要在会议上提出如下报告：

（1）提供上周餐饮部营销分析报告。

（2）通报上周工作完成情况及未完成工作的原因和预计完成的时间。

（3）通报上周本部门客人意见征询情况并提供书面报告。

（4）通报上周本部门质量检查自查情况。

（5）通报上周相关部门对本部门工作的配合情况。

（6）通报上周本部门员工培训情况。

（7）通报上周重要客人的关注情况。

**表2-5　需要明确事项**

| 序号 | 问题 | 是否明确 | 备注 |
|---|---|---|---|
| 1 | 谁召集这次会议 | □是　□否 | |
| 2 | 餐饮部相关报告是否已准备妥当 | □是　□否 | |
| 3 | 本次会议是否会继续讨论上次会议遗留问题 | □是　□否 | |
| 4 | 是否为了解决棘手的问题而召开 | □是　□否 | |
| 5 | 是否对会中涉及本部门的事项非常熟悉 | □是　□否 | |
| 6 | 是否需在餐饮部举行消防演习 | □是　□否 | |

**随手札记**

（8）通报本部门费用开支情况与预算费用的对比。

（9）通报本周和未来两周餐厅销售预报。

下面是某酒店餐饮经理的汇报记录，仅供参考。

【范例10】

××酒店周例会餐饮汇报表

| 项目 | 汇报细则 |
| --- | --- |
| 完成情况 | 本周酒水销售＿＿＿＿元，比上周增加（减少）＿＿＿间<br>本周客人平均消费＿＿＿＿元，比上周提高（降低）＿＿＿元<br>本周宴会接单＿＿＿＿次，比上周增加（减少）＿＿＿次<br>员工食材采购花费＿＿＿＿元，比上周增加（减少）＿＿＿元<br>设施运行情况：＿＿＿＿　人员状况：＿＿＿＿ |
| 原因分析 | |
| 改进措施与建议 | |
| 上周计划完成情况 | |
| 下周工作计划 | |
| 其他工作汇报 | |

### （二）做好会前沟通

如果有新的问题，可能与其他部门产生冲突或纠纷，餐饮经理就要格外小心，因为餐饮经理每天都要与各部门沟通合作，一旦与其他部门发生冲突，工作可能会产生困难。

餐饮经理先要判断该问题是否需要在例会上提出，若要提出，最好在会前与相关部门进行沟通。能在会前解决的，就不必在会上提出，以免造成不必要的麻烦。

例如由于客房部员工工作疏忽，导致客人叫餐没能及时送去，该员工却指责厨房没有准时做好饭菜。餐饮经理应先找客房经理沟通，委婉地向他提出这个问题，争取部门之间协商解决，而不必拿到例会上讨论，从而避免伤害客房经理的自尊。

### （三）谋求沟通方法

会议场合中的沟通除了有声的语言之外，无声的语言——诸如仪容、姿态、手势、眼神、面部表情等，也都扮演着相当重要的角色。餐饮经理应该特别留意以下几个方面。

（1）仪容要整洁。蓬头垢面者通常得不到与会者的好感。餐饮经理作为餐饮部门的最高负责人，更应做到这一点。

（2）准时或提早抵达会场。

（3）避免穿着奇装异服。为稳妥起见，穿戴应尽量趋于保守。

（4）注意坐姿。最理想的坐姿是脊椎骨挺直但却不僵硬，因为只有这样，你才能在松弛的状态下保持注意力。

（5）目不斜视。跟别人对话时最忌讳的便是两眼闪烁，或是斜眼看人，因为这样使人对你的动机或品格产生不良的评价。同样忌讳的是，以求情的眼光看人，因为这样会削弱你说话的分量。

（6）借手势或物品引起注意并强调自身的观点。以手势配合说话的内容，可以令听众印象深刻。手势的大小视你所想强调的内容而定。谈细节的时候，手势要小；谈大事时，手势要加大。运用手势时，必须考虑周围实体环境的情况。外界的空间越大时，手势可越夸张；外界的空间越小时，手势应越收敛。为强调你的意见而以物件作为道具是一种良好的举措。

## 四、担任值班经理

酒店是一个24小时不间断向客人提供安全和服务保障的特殊行业，来不得一点马虎。为了对客服务的全天候政令畅通、服务规范、处理问题及时。除正常的组织管理之外，需另设值班经理负责指挥日班之外的工作，以保证酒店运转始终处于良好状态（包括周末、节假日）。

值班经理由酒店总经理、部门经理轮流担任。所有值班人员应首先掌握所有岗位操作标准及行为规范。各部门在开班后会的时候要告知今日值班经理姓名、职务、电话分机、手机号码。

餐饮经理根据总经理办公室的排班要求担任值班经理，一般每周一天，具体值班流程如下所示。

【范例11】

### ××酒店值班流程

一、值班的汇报及交接规定

1.早会值班经理汇报工作：反映客人

随手札记

的意见，汇报发现的问题及问题分析，提出需要跟办的事情。

2.昨日值班经理向今日值班经理交接，交接“值班经理工作日志”，交代需要跟办的事项。

二、值班岗位职责及标准

1.根据总办排定的值班表，提前做好值班准备工作，了解如下情况：

（1）酒店今日客房出租率。

（2）今日在店、抵店、离店客人人数。

（3）今日酒店有无团队、会议信息。

（4）今日酒店有无宴会活动信息。

（5）今日酒店内有无计划内的可能对客人造成影响的事件如：停水、电、气、电梯维修、改建、装修、消防演习、工程维修等。

2.值班期间，确保手机24小时开机，并处于振动状态（保证手机电池电量充足），工作电话接听率100%，着工作装。

3.密切关注经营、运转情况，及时做好组织协调和服务工作。

4.负责做好夜间安全的预防工作，妥善处理酒店夜间发生的治安问题。检查各安全岗、安全通道，以消除各种隐患，保证酒店以及客人的人身财产安全。

5.加强夜间巡视，特别是酒店重要部位的巡查工作，发现问题及时解决，并做好工作记录。

6.值班期间巡视后勤区域（各部内务、各种设备间、员工餐厅等）及时发现问题，采取有效措施，妥善处理。

7.处理客人的投诉。遇到客人对酒店的投诉时，认真倾听并在工作日志上做好书面记录，无论对错都不作争执，并适时适当站在客人立场上，以期尽快平息客人的不满。在考虑酒店的利益得到最大保护的同时，可以适当地满足客人的合理要求，以维护酒店的良好声誉。

8.主动征求客人的意见，对客人的意见及时加以分析、处理，并采取预防措施，促进酒店优质服务的开展和质量的改进。

9.维护整个酒店温馨祥和的营业气氛，督导各营业点摆设、灯光、背景音乐、服务质量等影响营业气氛的工作环节。

10.早会上，值班经理要对昨天的当班情况进行汇总说明，对检查过程中的不合格项进行评析，各部门经理针对不合格项提出整改措施，下一值班经理对其进行质量跟踪和落实。

11.值班经理负责对各部门员工仪容仪表规范进行监督落实。

12.及时处理酒店突发事件，维护酒店利益不受损害。

13.协调各部门之间的关系，并接受和处理酒店内部员工投诉。

14.监督上岗员工的工作表现，对违纪员工有权按章予以处理，对工作中表现突出的员工，有权向相关部门建议给予物质或精神奖励。

15.审查和核批业务部门在岗最高人员权限以外的优惠、减免事宜。凡确属特殊情况须减免或优惠的，应做好详细记录并逐级汇报。

三、值班工作交接

1.当日值班经理于早会结束之时接受昨日值班工作日志，阅读昨日值班报告，与工作交接。

2.了解如下信息：了解当日客人信息；了解当日重要的宴请信息；了解当日

会议、团队信息；了解当日团队的详细日程安排；了解当日会议及大型活动信息、今日预计出租率、今日预计进店客房数、今日预计离店客房数、今日预计餐饮上座率；了解当日有无以下特殊事件：停水、停电、停气；当日有无大的维修项目。

餐饮经理在担任值班经理时，要按照以上流程仔细巡查整个酒店，当值班结束时，要认真填写当日值班日志，具体内容见表2–6。

餐饮经理在值班期间，对酒店各部门的检查工作应参照国家旅游局关于星级饭

**表2-6　值班经理工作日志**

星期：　　　　　　天气：　　　　　　值班经理：

<table>
<tr><td colspan="2">酒店当日营收</td><td></td></tr>
<tr><td colspan="2">酒店重大接待活动</td><td></td></tr>
<tr><td rowspan="6">质量检查项目</td><td rowspan="2">客房两间（含：清洁卫生及设施设备维护保养情况，客房清理、开夜床情况，客用品配置情况等）</td><td>房号：<br>检查情况：</td></tr>
<tr><td>房号：<br>检查情况：</td></tr>
<tr><td rowspan="4">营销：包厢、散台、厨房（含：清洁卫生及设施设备维护保养情况，客用品配置情况，餐前准备及餐中服务情况等）</td><td>西式早餐及送餐：<br>检查情况：</td></tr>
<tr><td>散台：<br>检查情况：</td></tr>
<tr><td>包厢：<br>检查情况：</td></tr>
<tr><td>厨房：<br>检查情况：</td></tr>
</table>

随手札记

（续表）

<table>
<tr><td rowspan="9">质量检查项目</td><td rowspan="3">娱乐（健身或游泳淋浴房、足浴房，棋牌室）</td><td>淋浴房：</td></tr>
<tr><td>足浴房：</td></tr>
<tr><td>棋牌室：</td></tr>
<tr><td>公共区域卫生及设施维护情况<br>1.联排区域外围<br>2.垂钓区域外围<br>3.豪华区域外围<br>4.所有消防步行梯<br>5.垃圾站、气站及酒店外围</td><td></td></tr>
<tr><td>后台卫生及工作情况：员工食堂、员工宿舍（公共区域、员工宿舍、主管或领班宿舍）、员工俱乐部、更衣室、地下车库、后台办公室等</td><td></td></tr>
<tr><td rowspan="3">员工在岗情况：抽查几名不同部门不同岗位员工（含：在岗情况；文明礼貌、行为举止、个人卫生；酒店营运知识、消防知识、本岗位服务程序及标准等）</td><td>姓名及岗位：</td></tr>
<tr><td>姓名及岗位：</td></tr>
<tr><td>姓名及岗位：</td></tr>
<tr><td>设施设备运转情况、施工安检情况（清场情况、安全隐患）、节能降耗情况（能源控制、成本控制）</td><td></td></tr>
<tr><td>重大事件</td><td>1.客人投诉及处理情况（经过及处理过程）：<br>2.其他需要说明的问题（客人意见及重大管理隐患）：</td><td></td></tr>
</table>

制表：　　　　　　　　总经理签署：

店评定的最新标准《旅游饭店星级的划分与评定》GBT14308−2010，对五星级酒店的各项要求。例如在巡查本部门时，应按照该标准对本部门的要求仔细检查，如表2−7所示。只有这样高标准，严要求，才能使酒店的形象变得更好。

## 五、日常卫生管理工作

最近食品安全事件层出不穷，使客人对食品的安全问题非常关注。国务院食品安全委员会办公室也印发了《食品安全宣传教育工作纲要（2011−2015年）》，对酒店食品安全工作作了很多具体规定。

餐饮经理对食品卫生问题应予以高度重视，因为餐饮部负责为客人提供饮食。因此，餐饮部的卫生管理工作应成为餐饮经理每周重中之重。只有做好了卫生管理工作，才能为客人提供最安全的食品以及干净温馨的就餐环境。

### （一）食品卫生管理

食品卫生管理是关于客人人身健康的

表2-7　餐饮区域维护保养与清洁卫生

| 4.2 | 餐饮区域维护保养与清洁卫生 |
|---|---|
| 4.2.1 | 餐台（包括自助餐台）：稳固、美观、整洁 |
| 4.2.2 | 地面：完整、无破损、无变色、无变形、无污渍、无异味 |
| 4.2.3 | 门窗及窗帘：玻璃明亮、无破损、无变形、无划痕、无灰尘 |
| 4.2.4 | 墙面：平整、无破损、无裂痕、无脱落、无灰尘、无水迹、无蛛网 |
| 4.2.5 | 天花（包括空调排风口）：平整、无破损、无裂痕、无脱落、无灰尘、无水迹、无蛛网 |
| 4.2.6 | 家具：稳固、完好、无变形、无破损、无烫痕、无脱漆、无灰尘、无污染 |
| 4.2.7 | 灯具：完好、有效，无灰尘、无污渍 |
| 4.2.8 | 盆景、花木：无枯枝败叶、修剪效果好，无灰尘、无异味、无昆虫 |
| 4.2.9 | 艺术品：有品位、完整，无退色、无灰尘、无污渍 |
| 4.2.10 | 客用品（包括台布、餐巾、面巾、餐具、烟灰缸等）：方便使用，完好、无破损、无灰尘、无污渍 |

头等大事，餐饮经理应督促员工严格按照科学方法保证食物的清洁和卫生。

1.保持食品卫生要点

保持食品卫生要点，见表2-8。

2.各类食品卫生要求

食品卫生与否，主要是看其是否变质。变质的食品含多种有害细菌，对人体极为有害，因此千万不能食用。餐饮经理更要注意此类食品不能出售，以免引起食物中毒等意外事故，影响酒店声誉。在平常管理工作中，餐饮经理就应当对部门人员反复强调这些卫生要求。

表2-8　食品卫生要点

| 序号 | 类别 | 要点 |
|---|---|---|
| 1 | 食材 | （1）食材应彻底清洗、调理，储存场所及器具容器均应保持清洁<br>（2）食材要尽快处理，尽快烹饪供食。做好的食物也应尽快食用<br>（3）食材尽可能选用新鲜的，因为不新鲜的材料含细菌较多，调理以后也可能有细菌残留，而且细菌很容易繁殖<br>（4）食盐、糖、醋等有阻碍细菌繁殖的作用，可以多用 |
| 2 | 包装容器 | （1）包装容器在储藏中易受到尘埃、昆虫、老鼠等的污染，因此必须注意保存<br>（2）使用时最好预先以含有效氯50ppm以上的水消毒后再用比较安全<br>（3）外包装不要太厚，以免因散热不良而导致细菌大量繁殖 |

（1）肉禽和鱼类的卫生要求，如表2-9所示。

（2）粮食与蔬菜水果类的卫生要求如表2-10所示。

（3）酒水饮料类的卫生要求如表2-11所示。

### （二）场所卫生管理

餐饮部内各个场所都要保持清洁与卫生，这既能有效保证食品卫生，又能创造一个良好的就餐和工作环境。餐饮经理应在日常巡视和检查工作中督促各部门主

表2-9　肉禽蛋类的卫生要求

| 序号 | 类别 | 卫生要求 |
|---|---|---|
| 1 | 鲜肉 | （1）鲜肉应具有光泽，红色均匀，脂肪洁白，外表微干或微湿润<br>（2）触摸不黏手，有弹性，指压后凹陷立即复原<br>（3）无异味，烹调中肉汤透明、澄清，脂肪团聚于汤面，有香味 |
| 2 | 内脏 | （1）肠呈乳白色，稍软，略坚韧，没有脓点、出血点，无异味<br>（2）胃呈乳白色，黏膜完整结实，无异味<br>（3）肾呈淡黄色，有光泽，具弹性，无囊泡或畸形，气味正常<br>（4）心呈淡红色，脂肪呈白色，结实有弹性，无异味 |

（续表）

| 序号 | 类别 | 卫生要求 |
| --- | --- | --- |
| 2 | 内脏 | （5）肺呈粉红色，有弹性，边缘无肺丝虫，无异味<br>（6）肝呈棕红色，包膜光滑，有弹性，质地结实 |
| 3 | 肉制品 | （1）火腿色泽鲜明，肉质暗红，脂肪透明白色，肉身干燥结实，有香味<br>（2）咸肉呈红色，脂肪色白，肉质紧密，无异味<br>（3）熟香肠的肠衣完整，肠衣与灌的肉紧密相贴，无黏液。肉红色，脂肪透明如玉，无腐臭和酸败味<br>（4）酱卤肉无异味异臭，肉块中心已煮透，外表无异物污染<br>（5）肉松呈金黄或淡色絮状，纤维纯净疏松，无异味 |
| 4 | 禽类 | （1）健康鸡的鸡冠鲜红、挺直，肉髯柔软，眼圆大有神，腿脚健壮有力，行动自由<br>（2）死禽冷宰时，切面周围组织无暗红色血液浸润，皮肤表面暗红色，具青紫色死斑，脂肪暗红色<br>（3）冻禽解冻前，母禽皮色乳黄，公禽、幼禽、瘦禽皮色微红；解冻后，切面干燥，肌肉微红 |
| 5 | 蛋类 | （1）鲜蛋壳上有白霜，照光透明，气室小，蛋黄略有阴影，无斑点<br>（2）煮熟鲜蛋蛋黄呈粉状或极易松散块状，黄色均匀，无异味和杂质；蛋白呈晶片状或碎屑状，浅黄色，无异味和杂质<br>（3）咸蛋外观蛋壳完整，无霉斑，摇之有轻度水荡漾感，照光蛋白透明，红亮清晰，蛋黄缩小，靠近蛋壳，打开后蛋白稀薄透明无色，蛋黄浓缩呈红色，煮熟后蛋黄有油脂并有沙感，具香味<br>（4）皮蛋外层包料完整，无霉味，摇晃无动荡声，照光呈玳瑁色，凝固不动，打开时，蛋白凝固、清洁，有弹性；纵剖面蛋黄淡褐、淡黄 |
| 6 | 鲜鱼 | 表面有光泽，附有清洁透明黏液；鳞片完整，不易脱落，无异味；眼球凸出饱满，角膜透明；鳃色鲜红无黏液；腹部坚实无胀气，有弹性；肛门孔白色凹陷；肉质坚实，有弹性，骨肉不分离 |
| 7 | 冻鱼 | 鱼化冻后质地坚硬，色泽鲜亮，表面清洁无污染。鱼肉剖面新鲜不腐败，与鲜鱼相似 |

表2-10　粮食与蔬菜水果类的卫生要求

| 序列 | 类别 | 卫生要求 |
| --- | --- | --- |
| 1 | 粮食与豆类 | （1）粮食颗粒完整，质地坚韧，无霉变虫蛀和杂物，色白，含水量在15%以下<br>（2）豆类颗粒饱满，无虫蛀、挂丝和霉变<br>（3）豆腐无豆粞和石膏脚，质地细腻，用刀切后，切面干净<br>（4）整板豆腐脱套圈、揭布后不坍塌<br>（5）油豆腐软，不湿心，黄橙色，有光亮<br>（6）豆腐干手揩表面不发毛，挤压切口不出水<br>（7）豆腐衣不破碎，能揭开，有光泽，柔软无霉点 |
| 2 | 蔬菜 | 应鲜嫩无黄叶，无刀伤和烂斑 |
| 3 | 水果 | （1）优质水果表皮色泽光亮，肉质鲜嫩清脆，有清香味；瓜果腐烂部分超过果体1/3则不能食用，1/3以下的要清洗消毒，现削、现挖、现售<br>（2）常作生食的水果，如萝卜、黄瓜等，食用前要用清水充分洗涤，以除去寄生虫卵和污染的杂菌及皮上农药残留。然后用开水浸泡30秒，也可用5%乳酸溶液或其他消毒液浸泡消毒后再生食 |
| 4 | 糕点 | （1）糕点制作生产过程必须符合食品卫生要求，储存时要防止生虫、霉变和脂肪酸败。储放应清洁卫生、干燥、通风，并具有防鼠、防蝇设备<br>（2）优质面包质地松软，顶面呈均匀的金黄或深黄色，不焦、不生、外形饱满、有弹性，咀嚼时无粘牙感。饼干色泽光亮，花纹清晰，松脆且酥有香味 |
| 5 | 罐头食品 | 生产原料、生产工序均必须符合食品卫生要求<br>（1）优质罐头外壳光洁，无锈斑、无损伤裂缝以及漏气膨胀现象，接合处焊锡完整均匀<br>（2）罐内真空度必须符合标准，用金属棒轻击罐盖，发音清脆坚实<br>（3）打开后罐身内壁不应有腐蚀、变黑或涂料层剥离现象<br>（4）油炸食品需炸透，酥脆不得有焦味和酸败味 |

（续表）

| 序列 | 类别 | 卫生要求 |
| --- | --- | --- |
| 5 | 罐头食品 | （5）水果罐头的果肉不得煮得过熟，块形完整，果肉不得过硬，色泽天然，不准人工着色；汤汁透明清澈，不含杂质，糖水一般为30%，无异味<br>（6）果酱罐头应与原来果实色泽相符，果酱黏度高，倾罐时不易倒出，静置时不分离出糖汁，不允许人工着色，可适当加酒石酸或柠檬酸，无异味或香精味<br>（7）保存罐头的地方应通风、阴凉、干燥，相对湿度应在70%～75%，温度在20℃以下，以1℃～4℃为最好 |

**表2-11　酒水饮料类**

| 序号 | 类别 | 要求 |
| --- | --- | --- |
| 1 | 冷饮 | （1）使用原料要新鲜，水源应好，香精、色素、糖精应控制使用<br>（2）制作场所盛放器皿、管道应彻底清洗，并用蒸汽或0.1%～0.2%漂白粉液消毒<br>（3）熬料后要迅速冷却<br>（4）包装纸应清洁无毒，包装纸用的蜡应为食品级石蜡<br>（5）冷饮品须放在冷库或冰箱内储藏，防止融化污染，以保证冷饮食品的卫生质量<br>（6）冷饮食品应具有该冷饮品的色泽和滋味，无异臭、异味及异物<br>（7）汽水应澄清透明，不准混浊或有沉淀物，瓶盖严密不得漏气 |
| 2 | 酒类 | （1）一般白酒的卫生指标为纯洁、透明，有酒香、滋味醇厚，无强烈刺激性、无异味<br>（2）黄酒色黄，澄清不混浊、无沉淀物，有爽快馥郁的香味，滋味醇厚稍甜，无酸涩味<br>（3）葡萄酒应是清亮，具天然色彩，红紫或浅黄色，无沉淀，具葡萄香气，有浓厚酯香，无异臭，滋味带果汁味，质差时有酸涩味<br>（4）啤酒应透明澄清，无混浊或沉淀，色金黄，具正常酒花香，入杯时有密集洁白细腻的泡沫，保持一定时间不消失 |

管注意各场所卫生管理，且应按照国家旅游局最新标准（《旅游饭店星级的划分与评定》GBT 14308—2010）对五星级酒店卫生管理的要求进行，具体内容请参考表2-7。餐饮部场所卫生标准，见表2-12。

表2-12　餐饮部场所卫生标准

| 序号 | 类别 | 卫生标准 |
| --- | --- | --- |
| 1 | 墙壁、天花板、地面 | （1）厨房墙壁、天花板应采用浅色、光滑、不吸油水的材料建成。用水泥或砖面砌成的内墙应具有易于清洁的表面，各种电器线路和水、气管道均应合理架设，不应妨碍对墙壁和天花板的正常清扫<br>（2）厨房地面应采用耐久、平整的材料铺设，必须经得起反复冲洗，不至于受厨房内高温影响而开裂、变软或变滑，一般以防滑无釉地砖较为理想，必要时可在通道和操作处铺设防滑垫。同时，地面应有坡度，标准坡度为1%，以利冲洗、排水和干燥<br>（3）墙壁、天花板、地面应及时维修，并保持良好状态，以免藏污纳垢，孳生蟑螂、老鼠等有害物 |
| 2 | 下水道及水管 | （1）凡是有污水排出以及由水龙头冲洗地面的场所，如粗加工间、炉灶、厨房洗涤间等，均需有单独下水道和窨井，窨井直径宜大，以免在寒冷季节因油垢冻结而引起阻塞<br>（2）饮用水管都应有防倒流装置，非饮用水管应有明显标记。应避免饮用水管和污水管道交叉安装 |
| 3 | 通风、照明设备 | （1）厨房应安装排烟罩、排气罩，以排出由烹调、洗涤产生的油烟、湿气、热空气和不良气味，防止油烟、水汽在墙壁和天花板凝聚下滴而污染食品、炊具<br>（2）厨房应有通风设备，输入热空气或冷空气，以调节厨房内的温度<br>（3）在厨房、前场等重要场所安装防爆灯具，或使用防护罩，以免灯泡爆裂时玻璃片伤人或散入食物内 |
| 4 | 洗手池设备 | （1）操作人员的双手是传播病菌的重要媒介，餐厅应当在最容易使手沾上病菌的地方安装洗手池，如卫生间附近、更衣室内、厨房内等<br>（2）洗手设备应包括洗手池、冷热水、肥皂或皂液、专用毛巾或吹干机。洗手设备应按时检修、打扫，及时补充卫生用品 |
| 5 | 更衣室和卫生间 | （1）员工的便服常从外界带入病菌，因此不能穿着上班，也不能挂在厨房、仓库或卫生间里。餐厅应有员工更衣室设施，让员工上下班时更换服装和存放私人物件<br>（2）更衣室一般不应靠近厨房、仓库和餐厅，要求通风、照明良好，并有淋浴、洗手池、镜子等卫生设备 |

### （三）厨房卫生管理

厨房是制作餐饮食品的场所，各种设备和工具都有可能接触食品，卫生不良既影响员工健康，又会使食品受到污染。所以，餐饮经理需要做好厨房卫生的管理。见表2-13。

表2-13　厨房卫生管理

| 序号 | 类别 | 卫生要求 |
|---|---|---|
| 1 | 日常卫生 | （1）厨房每日清扫不少于4次，保持干净、整洁，无食品原材料加工后的废料、下脚料堆积<br>（2）地面整洁防滑，无油污淀，墙面无灰尘、蛛网、边角、下水地漏处，无卫生死角<br>（3）炊具、厨具、餐具每天洗涤消毒，保持清洁、明亮、无油垢。砧板、刀具定期煮沸消毒<br>（4）各种盖布、盖帘、抹布每天清洗，专布专用 |
| 2 | 粗加工间卫生 | （1）每日清扫作业区域，保持操作环境卫生<br>（2）对蔬菜、水果经摘选去除不可食用的部分，进行初洗、浸泡，再用流水洗净<br>（3）对肉类应清除污秽不洁、有害腺体或变质等不可食用部分，洗净后装入专用容器，供切配用<br>（4）对水产品除去鳞、内脏或壳，用清水清洗干净后盛于专用容器<br>（5）保持解冻、洗涤水池的卫生，解冻原料按不同品种要求分类解冻。易腐烂变质的原料要缩短加工时间，保持原料的新鲜度<br>（6）对用后的设备、刀、砧板、工作台、容器、抹布等要清洗消毒<br>（7）加工后的原料要分类盛装，分类放入冷库备用，冷库应干净清洁 |

随手札记

（续表）

| 序号 | 类别 | 卫生要求 |
| --- | --- | --- |
| 3 | 冷荤加工间卫生 | （1）进入冷荤间前要洗手消毒，空气和台面每日用紫外线消毒<br>（2）每日整理冰箱，保持食品卫生。需冷藏保鲜食品应分类放入冰箱内，生、熟食品要分开存放，防止交叉感染。严格操作规程，生熟食品的刀、砧板、容器、抹布等不能混和<br>（3）罐头开瓶后倒入专用餐具使用，隔日罐头不能再用<br>（4）厨房饮用水透明、无色、无异味、无肉眼可见物<br>（5）水龙头及开关把手始终保持清洁卫生 |

### （四）餐饮设施卫生管理

餐饮部在日常工作中会用到很多餐具和餐饮设施，它们的分类管理、清洁与消毒对饮食卫生和工具使用寿命的延长十分重要。因此餐饮经理必须监督好这方面的卫生管理工作。

1.加工食物原料用的设备

加工食物原料用的具体设备。见表2–14。

2.烹调设备和工具

这类设备的清洁卫生要求主要是控制不良气味的产生，并提高设备的效率。如果洗刷不净，在烹制食物时能产生大量油烟和不良气味，特别是油锅、烤箱、烤炉等，如不注意清理油垢和残渣，厨房内往往会油烟弥漫，餐饮经理应督促厨房员工注意将这些设备清洗干净，避免产生不良气味。其具体清理要求，如表2–15所示。

3.冷藏设备

厨房冷藏箱和冷藏柜只能用于短期放置烹调原料，并不是万无一失的保险箱。

**表2-14 加工食物原料用的具体设备的使用与保养**

| 序号 | 类别 | 具体要求 |
| --- | --- | --- |
| 1 | 刀 | （1）生食及熟食使用的刀具应分开，避免熟食被污染<br>（2）磨刀率与日常保养及其锐利颇有关系，磨刀最好每周一次，至少每个月一次<br>（3）不常使用的刀较干燥，宜涂上橄榄油（或沙拉油）以防锈，再用报纸或塑料纸包裹收藏 |
| 2 | 砧板 | （1）新木质砧板使用前需涂上水和盐或浸于盐水中，使木质发生收缩作用，使其更坚硬牢固<br>（2）使用后应用洗洁剂清洗，再用消毒液浸渍，之后再用热水烫或在阳光下曝晒，以起到杀菌作用，最好让砧板两面均能接触风面，使其自然干燥<br>（3）砧板宜分熟食、生食使用，如果砧板伤痕太多，最好刨平再用 |

（续表）

| 序号 | 类别 | 具体要求 |
|---|---|---|
| 3 | 调理工具 | （1）调理工具如切片机、煎炒、油炸等烹饪设备及输送带等均应使用不锈钢材料，不可以使用竹、木质等易生霉菌的材料制作<br>（2）每日应拆卸清洗<br>（3）生锈部分可用15%的硝酸或市面上有售的除锈剂将锈去除后水洗 |
| 4 | 器具及容器 | （1）洗涤后必须将洗涤剂冲洗干净，再以热水、蒸气或是次氨酸钠消毒<br>（2）若以次氨酸钠消毒，之后应以饮用水冲洗并干燥<br>（3）塑料制的器皿耐热性差，最好以次氨酸盐或其他化学方法消毒 |
| 5 | 食物搅拌机、切菜机 | （1）食物搅拌机、切菜机等使用后应立即清洗<br>（2）清洗部分包括背部、轴部、拌打轴、基座<br>（3）清洗后利用空气烘干<br>（4）每日清洗后，辅助力的轴部洞口应滴入5～6滴矿物油 |
| 6 | 果汁机 | （1）在玻璃容器内加清水或温水（40℃），再加少许清洁剂后，约旋转10秒钟，使容器清洗干净<br>（2）拆开零件洗净<br>（3）除去水分晒干、收存<br>（4）刮刀不可浸水，应在水龙头下冲洗，注意不要割伤手<br>（5）不可用洗剂药品（如溶剂、酒精），以免造成表面变色或涂料剥落<br>（6）不可将水泼于基座上，电动机或开关泼水后容易发生故障 |

某些微生物在低温环境下仍能生长繁殖，时间一长，同样会引起食物腐败变质。因此，餐饮经理必须注意冷藏设备的卫生管理。具体如表2-16所示。

表2-15　烹调设备和工具清理要求

| 序号 | 类别 | 清理要求 |
| --- | --- | --- |
| 1 | 炉灶 | （1）开始清理前，将炉灶完全冷却，遮板以热而湿的布料擦拭<br>（2）去除油脂时使用热的机器清洁水溶液，冲净再拭干<br>（3）表面烧焦物用金属绒制成的刷子刮除<br>（4）热源采用湿布拭擦，不可浸入水中<br>（5）火焰长度参差不齐时，可将炉嘴卸下，用铁刷刷除铁锈 |
| 2 | 烤箱 | （1）烤箱内部应用金属球或手刮刀清洗，不可用水清理<br>（2）打开烤箱门，用沾有厨房用清洁剂的泡绵或抹布去除污渍，用湿润抹布擦净，再用干抹布擦干<br>（3）烤箱底部有烧焦的物质时，将烤箱加热再冷却，使坚硬物炭化，用长柄金属刮刀刮除干净<br>（4）洗黏的污垢，宜用去污粉和钢刷刷除<br>（5）用干抹布将烤箱内擦拭2～3分钟，应将水分完全去除，避免生锈 |
| 3 | 微波炉 | （1）烹调完毕，应迅速用湿抹布擦拭<br>（2）用泡棉洗净器皿及隔架<br>（3）用软布擦拭表面机体<br>（4）不可使用锐利的金属刷刷洗，也不可使用烤箱用的清洁剂、喷式玻璃清洁剂、化学抹布溶剂等擦拭，以避免机体上字体模糊，失去光泽或造成锈蚀 |
| 4 | 油烟机 | （1）应该有自动门栅，温度过高时，能自动切断电源及导管以防止火苗蔓延<br>（2）应定时找专人清除油烟机管上的油渍<br>（3）油烟罩应每日清洗 |
| 5 | 油炸锅 | （1）内锅以长柄刷擦洗，并用水和半杯醋冲净<br>（2）煮沸5分钟，然后再用水冲净并烘干<br>（3）外部应擦拭或冲净 |
| 6 | 油炸器具 | （1）每日应将油吸出后彻底清洗器具，用中性清洁剂辅助清洗<br>（2）油温温度计使用后也应用清洁剂洗净，用柔软干布擦干 |


70

表2-16　冷藏设备的卫生管理

| 序号 | 类别 | 卫生管理 |
| --- | --- | --- |
| 1 | 冰箱 | （1）冰箱应照内部储藏位置绘图，标明食物的位置与购入时间<br>（2）冰箱应尽量少开，每开一次应将所需物一起取出，减少冰箱耗电及故障率<br>（3）冰箱至少应每周清理一次<br>（4）各类食物应用塑料袋包装或加盖冷藏，以防止其水分蒸发<br>（5）冰箱非存物箱，食物要冷凉加盖才能放进冰箱，且要留有空间使冷气流通<br>（6）取放饮料时，避免倾倒在冰箱内，以免使冰箱具有不良的气味。有些酸性饮料如柠檬汁还易使金属受到侵蚀<br>（7）冰箱内最好置入冰箱脱臭器，消除冰箱内特殊食品的气味，净化箱内空气 |
| 2 | 冷柜 | （1）冷冻柜不可在太阳下直晒<br>（2）冷冻柜内温度应保持在-18℃以下<br>（3）食品应分成小量包装后放入 |

4.其他设备

（1）清洁消毒设备。

洗碗机、洗杯机、洗涤池均属清洁消毒设备。这些设备在使用以后最容易沾上污物和食物残渣，正是微生物生长繁殖的最佳场所，因此要更加注意其清洁卫生及消毒。

（2）储藏和输送设备。

橱柜、架子、推车等虽然不与食物直接接触，但却与餐盆、碗碟等食具直接接触，如不经常进行卫生消毒，则会间接地引起食物中毒和传染疾病，因而也应予以充分重视。

### （五）垃圾处理

餐饮部的垃圾一般分为气态、液态和固态三类，餐饮经理要指导员工慎重处理，避免造成污染，相应处理方法，如表

随手札记

2-17所示。

表2-17 餐饮垃圾处理方法

| 序号 | 类别 | 处理方法 |
| --- | --- | --- |
| 1 | 气态垃圾 | 气态垃圾是指厨房抽油烟机排出去的油烟。油烟不但造成污染，也容易造成火灾，所以一定要慎重处理：<br>（1）油烟应设专管导出建筑物之外，导管应为防火材料<br>（2）油烟管应设有自动门栅，温度过高时能自动关闭导管，切断火路，防止火苗蔓延，此点甚为重要<br>（3）油烟管内侧油垢应每两周请专人清除，或在导管内侧贴塑料布或铝箔以利换洗<br>（4）油烟导入处理槽时，管口宜浸入槽内水中（可用苏打水化解油滴），处理槽面另以抽风机抽气，以造成密闭槽内负压，提高排油烟机的效能 |
| 2 | 液态垃圾 | 液态垃圾包括厕所污水、排泄物、厨房污水等。一般排泄物设有专管排除，厨房污水等直接排入排水沟：<br>（1）厕所应为冲水式，应有适当的光线及通风设备，不得有臭味产生<br>（2）地板应保持平坦、干燥<br>（3）每间厕所均需设有加盖垃圾桶，并时常处理<br>（4）厕所入口处设置洗手台、洗手剂、烘干器<br>（5）工作人员有专用厕所，与客人不可同用<br>（6）厨房污水含有机质时，应先处理过滤后再行排放<br>（7）泔水桶应使用坚固、可搬动、有加盖的容器，泔水倒入时不宜过量，以免溢出<br>（8）泔水应逐日处理为佳<br>（9）泔水清运处理后，泔水桶及其周围环境应冲洗清洁 |
| 3 | 固态垃圾 | 固态垃圾主要来自厨房，应予以分类处理：<br>（1）将垃圾分为可燃物（如纸箱、木箱）、不可燃物（如破碎餐具），分别装入垃圾袋中投入各类垃圾桶，垃圾桶加盖<br>（2）空瓶罐可以收集售卖或退换，应先冲洗干净，放于密闭储藏室，以免招致苍蝇、蟑螂、老鼠等<br>（3）残余蔬菜叶可以使用磨碎机加以磨碎，然后排入下水道，但下水道需做好油脂截流处理 |

### （六）员工卫生管理

员工是餐饮部所有设施设备的使用者，他们的卫生状况直接影响到其他设备，因此，餐饮经理必须高度重视对员工的卫生管理工作。对员工的卫生要求，部分可参考本书第一章中“每日形象自检”，具体要求，如表2-18所示。

表2-18　员工卫生要求的采购标准

| 序号 | 类别 | 卫生要求 |
|---|---|---|
| 1 | 员工健康管理 | （1）新进人员健康检查<br>（2）定期健康检查<br>定期健康检查的目的在于提早发现问题，解决问题。因为有的带菌者本身并没有疾病症状，所以健康检查有助于早期发现疾病并给予适当治疗，同时可帮助受检者了解本身的健康状态及变化。定期健康检查每年至少一次 |
| 2 | 员工个人卫生管理 | （1）工作人员应具有健康意识，懂得基本的健康知识<br>——工作人员应保持身体健康，精神饱满，睡眠充足，完成工作而不觉得过度劳累<br>——如感不适，应及时向主管报告<br>——报告受伤情况，包括被刀或其他利器划破和烧伤等<br>——当手指割伤或戳伤时，应立即用止血胶带包扎好<br>——当发生刀伤或烫伤事故时，应立即进行急救 |

## 六、餐饮食材的采购与验收

餐厅每天都要消耗大量的食材，如蔬菜、水果、肉类、禽蛋等，为了保证向客人提供最安全的食品，餐饮经理必须对食材的采购、验收进行严格管理。

### （一）制定采购标准

要想保证采购的食材都能符合要求，

随手札记

（续表）

| 序号 | 类别 | 卫生要求 |
|---|---|---|
| 2 | 员工个人卫生管理 | （2）工作人员应讲究个人清洁卫生，养成良好的个人卫生习惯<br>——不用指尖搔头、挖鼻孔、擦拭嘴巴<br>——要勤洗手，饭前、厕后及接触食品或食品器具、器皿前都应洗手，保持双手的清洁卫生<br>——不可以在他人面前咳嗽、打喷嚏<br>——经常洗脸、洗澡以确保身体的清洁<br>——经常理发、洗头、剪指甲 |
| 3 | 工作卫生管理 | （1）工作人员不可在工作场所吸烟、饮食和嚼口香糖，非必要时勿互相交谈<br>（2）有病的餐饮服务人员不应安排工作，患感冒、咳嗽、创伤或长疖子的员工很容易污染食品<br>（3）发现有传染疾病的员工应该首先治病，在没有得到医生允许的情况下不能返回岗位<br>（4）在工作中，必须随身携带的小物品应当放在较低的口袋中，防止弯腰时掉进食品中<br>（5）每餐工作前洗手消毒，装盘、取菜、传送食品使用托盘盖具<br>（6）拿取餐具、食物都要采用卫生方法，不要用手接触餐具上客人入口的部位<br>（7）收拾桌面残食时注意卫生，牙签、纸巾等杂料避免掉在地上，以免不雅和增加清洁困难 |

餐饮经理要制定食品原料采购的规格标准，要求餐饮部所有采购工作严格按照规格标准进行。

1.制定标准的要求

采购规格标准是根据餐饮部的特殊需要，对所要采购的各种原料作出详细具体的规定，如原料产地、等级、性能、大小、个数、色泽、包装要求、肥瘦比例、切割情况、冷冻状态等。

当然，餐饮经理不可能也没有必要对所有原料都制定采购规格标准，但对占食品成本将近一半的肉类、禽类、水产类原料及某些重要的蔬菜、水果、乳品类原料等都应制定严格采购规格标准并督促员工执行。

2.注意事项

（1）餐饮经理在制定采购规格标准应审慎小心，要仔细分析菜单、菜谱，既要根据各种菜式制作的实际需要，也要考虑市场实际供求情况。

（2）餐饮经理应要求厨师长和采购部人员一起研究决定，力求把规格标准定得实用可行。

（3）规格标准和文字表达要科学、简练、准确，避免使用模棱两可的词语如“一般”、“较好”等，以免引起误解。

### （二）制定标准

餐饮经理在制定这些标准时应参考国

家相关部门的具体规定，例如面粉，国家卫生部已经规定，有关面粉（小麦粉）中允许添加过氧化苯甲酰（增白剂）、过氧化钙的食品标准内容自2012年5月1日起自行废止。此前按照相关标准使用过氧化苯甲酰和过氧化钙的面粉及其制品，可以销售至保质期结束。

那么餐饮经理在制定面粉的采购标准时，可以考虑将不使用增白剂作为面粉的采购标准之一。

1.大米、面粉、乳类及蛋类

大米、面粉、乳类及蛋类的采购标准，见表2－19。

2.禽、肉类

禽、肉类的采购标准，见表2－20。

表2-19　大米、面粉、乳类及蛋类的采购标准

| 序号 | 类别 | 采购标准 |
|---|---|---|
| 1 | 大米 | （1）米粒均匀饱满、完整、坚实而重<br>（2）光洁明亮，无发霉、石粉、砂粒、虫等异物<br>（3）越精白者，维他命B越少，因此宜选用胚牙米或九三米更营养 |
| 2 | 面粉 | 高筋面粉：蛋白质含量低，颜色最洁白，紧握后较易成团，宜做小西点及蛋糕之用<br>中筋面粉：蛋白质介于高、低筋之间，宜做面条之用<br>低筋面粉：蛋白质含量最高，其色微黄，紧握不易成团，专做面包之用 |
| 3 | 乳类 | 乳粉类：奶粉宜选择乳白色不成块状的粉末，并选罐制或不透明袋装的产品，不要购买透明、塑胶袋装的不合法产品，外观必须标示清楚 |
| | | 罐头类：（1）包装精美完整，罐头平整不向外凸出<br>（2）标志说明清楚，包括容量、厂牌、厂址及制造日期等 |

（续表）

| 序号 | 类别 | 采购标准 |
|---|---|---|
| 3 | 乳类 | 鲜奶类：（1）鲜奶味鲜美，且有乳香，色白而密黄<br>（2）乳水油腻而不结块<br>（3）注意制造日期、厂商销售期间的存放方式与储藏温度控制等情形<br>（4）须经卫生检验机构检验合格 |
| 4 | 蛋类 | （1）新鲜蛋外壳粗糙无光泽，并且清洁无破损<br>（2）以灯光照射，其内应透明，无混浊或黑色<br>（3）蛋气量要小，用手摇之无震荡之感<br>（4）放入盐水中会沉下去<br>（5）蛋打开后，蛋黄丰圆隆挺，蛋白透明坚挺包围于蛋黄四周而不流散 |

表2-20　肉类选购标准

| 序号 | 类别 | 选购标准 |
|---|---|---|
| 1 | 家畜肉类 | （1）品质好的猪肉其瘦肉部分为粉红色，肥肉部分为白色且清新，硬度适中，无不良颗粒存在，肉质结实，肉层分明，质纹细嫩，指压有弹性，表面无出水现象<br>（2）牛肉则瘦肉部位为桃红色，肥肉呈白色，但牛筋则为浅黄色<br>（3）病畜肉上常有不良颗粒，瘦肉颜色苍白；死畜肉呈暗黑色或放血不净有瘀血现象；肉皮上未盖检验章者为私宰牲畜，较无保障 |
| 2 | 家禽类 | （1）活的家禽类，头冠鲜红挺立，羽毛光洁明亮，眼睛灵活有神，腹部肉质丰厚而结实，肛门洁净而无污物黏液<br>（2）杀好的家禽类，外皮完整光滑，整体肥圆丰满者为佳 |
| 3 | 内脏 | （1）肝应选灰红色、筋少、有弹性、无斑点<br>（2）猪肚应选肥厚、色白、表面光亮、无积水 |

3.海产品

海产品选购标准，见表-21。

4.不同调味品

不同调味品的选购标准，见表2-22。

5.蔬菜类

餐饮部需要的蔬菜种类非常多，餐饮经理要注意对常用的蔬菜如胡萝卜、马铃薯等制定严格标准，防止购买到不合格的蔬菜。具体标准见表2-23所示。

## （三）采购价格控制

餐饮经理在对采购工作的管理中，要注重对采购价格的有效控制，因为这与餐饮部的收支息息相关。采购价格太低，容易买到次品；采购价格太高，容易给酒店带来损失。餐饮经理应掌握一定的价格控制方法，以获得最合适的价格。

1.价格控制方法

常用价格控制方法，见表2-24所示。

2.防止采购“吃回扣”

餐饮食品原料的采购成本几乎占据食品成本的一半，食品原料质量工作对餐饮企业资金周转、菜品质量优劣起很大的

表2-21　海产类选购标准

| 序号 | 类别 | 选购标准 |
|---|---|---|
| 1 | 鱼类 | (1) 鳞片整齐而完整<br>(2) 眼睛明亮而呈水晶状<br>(3) 鱼鳃鲜红，鱼肚坚挺而不下陷，鱼身结实而富弹性<br>(4) 只有正常的鱼腥味而无腐臭味 |
| 2 | 虾类 | (1) 鲜虾种类繁多，依其种类各有其应有的色泽<br>(2) 虾身硬挺、光滑、明亮而饱满<br>(3) 虾身完整，头壳不易脱落<br>(4) 具自然的虾腥味而无腐臭味 |
| 3 | 蟹类 | (1) 应选蟹身丰满肥圆的<br>(2) 蟹眼明亮、肢腿坚挺、胸背甲壳结实而坚硬<br>(3) 腹白而背壳内有蟹黄 |
| 4 | 蛤蚌螺类 | (1) 外壳滑亮洁净<br>(2) 外壳互敲时，声音清脆，无腐臭味 |
| 5 | 海参类 | (1) 肉身坚挺而富弹性<br>(2) 洁净而无杂质及腐臭味 |
| 6 | 牡蛎类 | (1) 选择肉质肥圆丰满<br>(2) 上部洁白而坚挺<br>(3) 无腐臭味 |
| 7 | 墨鱼 | 选择肉身洁白、明亮、坚挺而富弹性的 |
| 8 | 鱼翅 | 翅多而长，并且光洁滑亮的 |

表 2-22　调味品选购标准

| 序号 | 类别 | 选购标准 |
|---|---|---|
| 1 | 食用油类 | (1) 固体猪油以白色、无杂质且具有浓厚香味者为上品<br>(2) 液体油则以清澈、无杂质及异味者为佳 |
| 2 | 酱油类 | 有品牌、经卫生检验有明显标志、具有豆香味、无杂质及发霉者 |
| 3 | 食盐 | 色泽光洁、无杂质、干松 |
| 4 | 味精 | 色泽光洁、无杂质、干松 |
| 5 | 食醋 | 种类繁多，有清纯如水者，也有略带微黄者，光洁、清澈、无杂质 |
| 6 | 酒类 | 调理用酒大多以黄酒、高粱酒、米酒居多，宜选用清澈、无杂质者 |
| 7 | 糖类 | 干松而无杂质 |

表2-23 蔬菜选购标准

| 序号 | 类别 | 选购标准 |
| --- | --- | --- |
| 1 | 胡萝卜 | 头尾粗细均匀，色红而坚脆，外皮完整光洁，并具充足水分 |
| 2 | 白萝卜 | 头尾粗细均匀，色白而表皮完整细嫩，用手弹打具结实感 |
| 3 | 马铃薯 | 表皮洁净完整，色微黄，水分充足无芽眼 |
| 4 | 小黄瓜 | 头尾粗细均匀，表皮瓜刺挺直、坚实、碧绿而带有绒毛，瓜肉肥厚 |
| 5 | 大黄瓜 | 头尾粗细均匀，表皮光洁平滑，瓜肉肥厚、坚脆、水分充足 |
| 6 | 青椒 | 外观平整均匀，表皮滑亮，色绿而坚挺 |
| 7 | 茄子 | 表皮光滑呈深紫色，茄身粗细均匀、瘦小、坚挺，而蒂小者为佳 |
| 8 | 笋 | 笋身粗短，笋肉肥大，肉质细嫩 |
| 9 | 茭白笋 | 色白光滑肥嫩，切开后没有黑点 |
| 10 | 洋菇 | 蒂与基部紧锁而未全开放，呈自然白色，若过分洁白，则可能添加莹光剂 |
| 11 | 洋葱 | 表皮有土黄色薄膜，质地结实者为佳 |
| 12 | 芋头 | 表皮完整丰厚肥嫩，头部以小刀切开呈白色粉质物为佳 |
| 13 | 香菇 | 选茎小而肥厚者，菇背有白线纹为上品菇，侧越白越新鲜 |
| 14 | 甘蓝菜 | 叶片呈暗绿色、肥厚嫩滑而无虫害，茎部肥嫩者为佳 |
| 15 | 菠菜 | 叶片呈深绿色、肥厚滑嫩，茎部粗大硬挺，基部肥满而呈红色 |
| 16 | 丝瓜 | 表皮瓜刺挺立而带绒毛，瓜身粗细均匀、硬挺且重量重者为佳 |
| 17 | 包心菜 | 外层翠绿，里层纯白，叶片明亮滑嫩而硬挺，包里较宽松 |
| 18 | 茼蒿 | 叶片肥厚、嫩滑、硬挺 |

的作用。采购过程中，“吃回扣”现象无疑是餐饮经营中最先遇到也是最普遍的重大问题之一。因此餐饮经理要有效控制采购“吃回扣”，可以采用以下方法。见表2-25。

### （四）食材验收

食材的验收工作与采购工作同等重要，它是食材进入酒店的最后一个环节，餐饮经理要慎重处理。

1.验收的要求

为使验收顺利完成，并确保送到的食品全部符合订货的要求，餐饮经理应对验收作出如下要求：

（1）验收场所和设备的要求。

——理想的验收位置应当位于货物入口与储藏室之间，与厨房、餐厅在同一个区域，这样便于控制运到的食品，同时减少搬运距离和次数，使工作失误减少到最低程度。

——验收常涉及许多发票、账单等，所以餐饮经理要安排一间验收室，并配备一定的办公用具来处理这些事务。

表2-24　价格控制方法

| 序号 | 方法 | 内容 |
|---|---|---|
| 1 | 限价采购 | 限价采购就是对所需购买的原料规定或限定进货价格，一般适用于鲜活原料。当然，所限定的价格不能单凭想象，要委派专人进行市场调查，获得市场的物价行情进行综合分析提出中间价 |
| 2 | 竞争报价 | 竞争报价是由采购部向多家供货商索取供货价格表，或者是将所需常用原料写明规格与质量要求请供货商在报价单上填上近期或长期供货的价格，餐饮经理根据他们所提供的报价单，进行分析，确定向谁订购 |
| 3 | 规定供货单位和供货渠道 | 为了有效地控制采购的价格，保证原料的质量，餐饮经理可指定采购人员在规定的供货商处采购，以稳定供货渠道。这种定向采购一般在价格合理和保证质量的前提下进行。在定向采购时，供需双方要预先签订合约，以保障供货价格的稳定 |
| 4 | 控制大宗和贵重原料采购 | 贵重食品的原料和大宗餐饮原料其价格是影响餐饮成本的主体。因此餐饮经理对此可以规定：由餐饮部门提供使用情况的报告，采购部门提供各供货商的价格报告，具体向谁购买必须由餐饮经理及酒店高层来决定 |
| 5 | 增加购货量和改变购货规格 | 根据需求情况，大批量采购可降低原料的价格，这也是餐饮经理控制采购价格的一种策略。另外，当某些餐饮原料的包装规格有大有小时，购买适用的大规格，也可降低单位价格 |
| 6 | 根据市场行情适时采购 | 当有些餐饮原料在市场上供过于求、价格十分低廉且厨房日常用量又较大时，只要质量符合要求，餐饮经理可趁机大量采购，以备价格回升时使用。当应时原料刚上市时，预计价格可能会下跌，采购量应尽可能少一些，只要满足需要即可，等价格稳定时再添购 |

表2-25　防止采购“吃回扣”方法

| 序号 | 方法 | 内容 |
| --- | --- | --- |
| 1 | 选择适合的采购人员 | 采购人员的素质和品德应成为餐饮经理选择的首要条件。采购员的选择注重个人品质，知识和经验与品质相比反而是次要的。餐饮经理要选择为人耿直，不受小恩小惠诱惑，受过良好教育的人<br>许多供应商会想尽办法与采购人员拉关系，回扣或红包依然少不了。这就要求采购人员“凭良心”办事，面对金钱的诱惑必须保持一颗平常心，见钱眼开者误人误己，绝不能担任采购之职 |
| 2 | 选择供应商 | 选择供应商时就对采购工作进行较好的控制。比如大宗肉、海鲜、调料的长期供应商，餐饮经理最好是提请有关部门审核。采购员并不是最后决策者和签订合同的人员，其他业务可以由采购员来完成。不要长期选择一家供应商，以便有利于物料更好流动，并且在一定程度上可以避免采购员与供应商建立“密切关系” |
| 3 | 市场调查 | 对市场进行定期不定期的调查，有助于餐饮经理掌握市场行情，了解货物的价格与质量、数量的关系，与自己采购来的物品相关资料进行对比，以便及时发现问题、解决问题。市场调查人员可以是专职的，也可以由财务人员、行政人员，甚至经理兼任，也可以采用轮值进行调查 |
| 4 | 仓库、采购、厨房三者验收 | 餐饮经理可以让库房、采购、厨房三者一起验收，类似于“三权分立”，对餐饮企业的管理非常有效，尤其在防止以次充好，偷工减料方面效果显著。一定要牢记，库房与厨房绝不可以受采购的左右 |
| 5 | 做好财务监督 | 供应商、采购员报价后，财务部应进行询价、核价等工作，实行定价监控。餐饮经理可实行“双出纳”制度，两个出纳一个负责钱财的支出，一个负责钱财的收入，可以对钱财的出入更好地控制，由财务部每周派人进行市场调查，对采购方的进行调查 |

——应当有合适的设备，这里最要紧的是称重量必需的衡器——磅秤。磅秤的称量范围要能满足验收所需，因此大小要合适，并两面可读；磅秤应精致，要放置在利于使用的位置，保证始终称量准确，始终处于工作状态。

（2）验收人员的要求。

——验收人员应受过专门的训练，十分了解本店采购食品的规格和标准。

——最好熟知餐饮部的各项采购标准，对食品的质量能作出准确的判断。

——必须熟悉企业的财务制度，懂得各种账单处理的方法和程序，并能正确地处理。

——验收人员应具备优秀的素质，要能秉公验收，始终坚持按制度办理一切验收手续。

——有完成职责的能力，做到所验收接受的食品项目与发票、订购单相符，发票上开列的重量和数量与实际验收的食品相符，食品的质量与规格书相符，食品的价格与企业规定的限价相符。

2.明确验收用表单

验收过程中会涉及很多表单，餐饮经理应明确相关表单，便于验收人员操作。

（1）收货单。

一般来说，所有食材都随带发货单和发票运送，副本经酒店验收员签字后，由送货人带回供货单位；正本应加盖收货章，由验收员、食品管理员及财务部门有关人员签字，说明食材已经按质按量及合适的价格购进入库，同意付款。

表2-26　收货单

| 年　月　日 |
|---|
| 经手人： |
| 管理员： |
| 单价及小计审核： |
| 同意付款： |

（2）鲜货类食材双联标签。

由于肉类、禽类、鱼类等鲜货类食品的成本往往可占酒店食品成本的一半以上，因此对这些食材成本必须严加控制。使用双联标签是控制鲜货类食材的有效方法。

表2-27　双联标签

| 进货日期： | 进货日期： |
|---|---|
| 供货单位： | 供货单位： |
| 品名： | 品名： |
| 重量： | 重量： |
| 单价： | 单价： |
| 合计金额： | 合计金额： |
| 发货日期： | 发货日期： |
| 编号： | 编号： |

在鲜货类食材正式入库以前，验收员应该给每一件食材挂贴双联标签，填写各栏内容。但对直接进料，即收货后立即送往厨房当天消耗的食材，并不需要使用双联标签。

（3）进货日报表。

酒店每日所进的食材及物品必须记录在进货日报表上，其目的在于区分当日进货中哪些是直接进料，哪些是仓库进料，哪些是杂项进料。

——直接进料。是指当日进货不经过仓库储存，直接运至厨房，当日予以消耗，其成本记入当天的食品成本的食材。

——仓库进料。是指当日进货送至仓库、冷冻库储藏以备后用，其成本记入食材储备价值，待日后该食材从仓库发出并消耗时，方记入该天食品成本的食材。见表2-28进货日报表。

——杂项进料。是指酒店餐厅、厨房用的其他物品，如消毒品、清洁剂等，它们当然不能作食品成本。但杂项进料栏还可用于填写酒店其他部门（如酒吧）所需的食材，以示区分。

表2-28　进货日报表

年　月　日　　　　　　　　　　　　编号：

| 品名 | 单位 | 数量 | 单价 | 金额 | 直接进料 | 仓库进料 | 杂项进料 | 备注 |
|---|---|---|---|---|---|---|---|---|
| | | | | | | | | |
| | | | | | | | | |
| | | | | | | | | |
| | | | | | | | | |
| 合计 | | | | | | | | |

单位主管：　　　　　　会计：　　　　　　制表人：

如果有的食材其中一部分须立即交送厨房使用，另一部分得入库储存，那么应该按实际分配比例，将其成本分成两部分，分别填入直接进料和仓库进料栏下。

3.制定验收的程序

（1）依据订购单或订购记录检查进货。

——必须核实收受的项目是否与订购单相符，凡未办过订购手续的食品不予受理，这样可避免不符合要求的食品进入仓库。餐饮经理应时常抽查，以保证验收两者相符。

——核实食品的质量是否符合规定的质量标准，为使验收既高效又准确无误，验收人员应备置一份采购规格书，帮助验核对照，而不至于凭猜测办事，保证食品的质量与规格书相符，不符质量要求的食品不予受理，对有怀疑的食品应请厨师长来判断。

（2）根据发票来检查食品。

——对有外包装的食品，即使没有必要称重的，也须清点数目。

——计重量的包装食品仍需过秤，核实是否与包装上标明的食品毛重相符。

——对易腐食品必须逐一清点过秤，凡超出规定的规格或重量范围标准的食品不能接受。

（3）受理货品。

验收员应在送货发票上签字并接受货品。有些单位根据经营要求设计出发票讫章，用于所有进货发票的验签。收讫章可包括收货日期、数量、价格、总金额、验收等项，加盖印记后，验收员再签名。收受验收后，食品就由仓储人员负责，而不再由采购员或送货单位负责了，这一点验收员在接收时应清楚。

（4）送库储存。

验收后的食品由于质量和安全方面的原因，需及时送入库内存放（尤其是易腐食品）；如需厨房接受的，应及时通知厨房来领取。食品入库时，应有专门人员搬运，不应随便请人搬运。送入库的食品还应该贴上标签，以帮助有关人员盘点存货

（5）退货处理。

一旦发现收到的货品有腐败、过期、毁损等问题，餐饮经理要认真反思验收工作哪里出了问题，同时也要予以退货，以尽量挽回酒店损失。退货通知单如表2–29所示。

**表2-29　退货通知单**

| 编号：<br>发自： | 编号：<br>交至（供货单位）： |
|---|---|
| 发票号： | 开具发票日期： |
| 退货理由： | 总计金额： |
| 送货人（签字）： | 受理人（签字）： |

随手札记

## 七、宴会管理工作

在许多酒店，宴会收入已占到餐厅收入的一半以上，因此餐饮经理要带领部门员工做好宴会管理工作。

宴会管理工作的全过程，可以分为三个阶段，即准备阶段、进行阶段和结束阶段。这三个阶段又可细分为受理预订→计划组织→执行准备→全面检查→宴前接待→开宴服务→结账送客→整理结束等几个环节。餐饮经理应认真做好每个环节的准备工作。

### （一）宴会的活动计划

宴会的活动计划是指餐饮部在受理预订到宴会结束全过程中，组织管理的内容和程序。狭义地理解宴会活动计划，是指受理预订后，在计划组织环节中，根据宴会的规格，宴会的活动计划有三种情形：

1.普通宴会

在提前一天以上时间安排的宴会预订，餐饮经理就能按宴会规格和要求，按正常程序进行计划组织，做好各种准备。

2.时间紧迫的普通、小型宴会活动计划

如餐饮经理在上午10:30接到预订一桌普通宴会的任务，要求在11:45准时开宴，在13:00前结束，仅有不到一小时的准备时间，餐饮经理就应在下达计划时深入厨房和餐厅，帮助解决具体困难，做到准时开宴。

3.政府有关部门指令性的宴会预订

这类宴会常由文件下达计划，并给餐饮部充裕的时间。但因规模、场面较大，规格要求高，涉及酒店各个部门，因此常由餐饮经理来指挥，编制宴会活动的总计划，编制各部门的具体计划，汇成一本细致、周密、完整、明确的计划书。

### （二）宴会预订管理

宴会的预订工作是按照一定程序进行的，餐饮经理应做好每步工作，以便取得更多宴会订单，为酒店增加收入。

1.宴会洽谈

举办宴会时，客户首先会向中意的酒店询问宴会相关信息，采取的方式大约可分为：来电、亲自前来洽谈。

客户一般会提出以下问题：场地是否空闲、宴会费用、宴会厅规模、宴会厅相关机器设备、菜单内容、最低消费额(餐食及饮料)、现场配置图、订金以及宴会活动相关厂商资料的取得等。面对诸如此类的疑问，餐饮经理或其他预订人员需一一为客户说明，努力掌握每一个可能的营销机会。

（1）主动争取客源。

首先，一旦获悉客户有举办宴会的意愿，餐饮经理应尽量邀请客户亲临宴会厅面对面地解说。由餐饮经理安排人员就现场设备清楚地为其解答问题，不但可以增加说服力，让客户更易接受，还可使承办宴会的成功概率大为增加。如果客户不愿前往，则可与营销部人员协调，进行登门拜访。

（2）提供资料。

在洽谈的过程中，餐饮经理必须备好足够的资料供客户参考，例如场地图、餐饮收费表、容量表、租金一览表、饮料价目表及器材租借表，见表2-30。

表2-30　宴会厅租金价目一览表

| 时间<br>厅别 | 8:30～<br>12:00 | 13:00～<br>18:30 | 18:10～<br>21:30 | 8:30～<br>18:30 | 8:30～<br>22:00 | 面积<br>（平方米） |
|---|---|---|---|---|---|---|
| 宴会厅 | | | | | | |
| A | | | | | | |
| B | | | | | | |
| C | | | | | | |
| D | | | | | | |

以上场租需另加10%的服务费。

——场地图与容纳客人的数量表。接受咨询时，餐饮经理首先要让客户了解场地大小和形状，即使客户已亲临现场，仍需准备场地图，为其解说。

由于不同桌数与不同形态的宴会所适合的场地类型不尽相同，所以宴会厅往往设有许多隔间，以满足客户需求。例如，设50桌或10桌宴席的宴会，其适合举办宴会的空间大小就有别，因此餐饮经理应为客户提供不同大小的宴会厅，让客户针对自身需求进行选择。至于中式宴席、自助餐、酒会、晚宴、舞会或会议等不同类型的宴会活动，也需根据赴宴人数决定。另外，宴会场地的摆设形状，也需根据赴宴人数决定。

——餐饮收费表。餐饮经理必须明确制定一套标准的宴会餐饮收费表，详列宴会厅中所有西餐、中餐、自助餐或鸡尾酒会等各类宴会活动最基本的起价表。每一张起价表都需注明有效期限，以便及时依

随手札记

市场行情与成本变动调整、更新。

【范例12】

××酒店宴会餐饮收费标准

| | |
|---|---|
| 中式酒席 | 一般酒席：××+10%<br>结婚酒席：××+10%（龙凤厅：××+10%）<br>中式套餐：××+10%<br>中式自助餐：<br>中午××+10%（最少50位）<br>晚上××+10%（最少50位） |
| 西式酒席 | 西式早餐：××+10%（最低消费××元）<br>西式套餐：××+10%<br>会间茶点：××+10%<br>西式自助餐：<br>中午××+10%（最少50位）<br>晚上××+10%（最少50位）<br>茶点自助餐：××+10%（最少50位） |
| 鸡尾酒席 | 餐会：××+10%（最少50位）<br>鸡尾酒：××+10%（不含酒精，约BD杯）<br>××+10%（含酒精，约BD杯） |

（3）预约工作。

——记录资料。如果客户有意预订宴会，餐饮经理便需问清楚宴会的日期、时间、名称、性质以及联络人的姓名、电话，并书面记录下来。另外，菜单内容、饮料种类、赴宴人数、宴会预算、摆设方式、客户的付款方式以及其他要求(如花饰、活动酒吧、代支费等)也应如实记录。

当然，在预约步骤中，餐饮经理应提供报价单给客人，因为大多数客户在签订合约前可能还会与其他酒店进行比价。无论如何，餐饮经理一定要详细记录每次跟客户洽谈的结果，除存档备查外，也需正确无误地将资料转达给其他相关人员。

——收取订金。通常，除熟客及小型宴会不预收订金外，其他所有大型宴会在预约时都必须先交10%的订金，付完订金才表示该宴会场地确实已被订下；否则，一个大型宴会如果临时取消，对酒店餐厅势必造成重大损失。因此，预收订金对酒店而言是一种自保方式，很有必要。

除此之外，若在原来预约宴席的客户未付订金之前，又有其他客户欲订同一场地，餐饮经理应打电话给先预约的客户，询问其意愿。如果客户表示确定要使用该场地，就必须请其先至酒店预付订金，否则，将让给下一位想预约的客户。假如客户看中的宴会厅已被预订，应尝试说服客户更改宴会日期。

——提供不同标价的菜单。一个例行餐会、简单的宴席或是老主顾，通常只要一个电话便可将洽谈和预约两个步骤同时完成。但若是比较复杂或较为重要的宴会，则客户可能会先将菜单拿回去研究、比较后，再答复餐饮经理。因此，许多酒店餐厅都会提供不同标价的菜单供客户选择。决定菜单内容时，不但要了解客户的预算和喜好，也应考虑季节、成本、厨房器材设备以及服务技术等问题，不能随便将菜单开给客户。

## （三）签订合同

1.与客户签约

预约时虽已经记下客户所有的要求，但客户日后却仍有可能改变主意，所以餐饮经理必须再将双方所同意的事项记录在合同上并请客户签字，以保障客户与酒店餐厅自身的权利。

如果客户没时间亲自到酒店餐厅进行签约手续，则可以通过书面、传真或邮寄的方式，将文件送交至客户手中，请客户在合同上签字，签妥后再传真或邮寄回酒店餐厅以示慎重。

在签订合同时，酒店餐厅通常会要求收取订席费用的10%作为订金。下例是某酒店餐饮部的婚宴合同，仅供参考。

**【范例13】**

### ××酒店宴会合同书

宴会时间：公历___年___月___日

农历___年___月___日

宴会性质：________________

宴会地点：________________

<table>
<tr><td rowspan="8">甲方<br>××<br>酒店</td><td>甲方负责人：</td><td rowspan="8"></td><td colspan="2">乙方负责人：</td></tr>
<tr><td>联系电话：</td><td colspan="2">联系电话：</td></tr>
<tr><td>预收订金：</td><td rowspan="2">婚宴填写</td><td>新郎：</td></tr>
<tr><td rowspan="5">甲方提供条件：<br>1.婚礼台<br>2.音响设备<br>3.新娘更衣室<br>4.茶水服务<br>5.门厅贺牌<br>6.投影仪</td><td>新娘：</td></tr>
<tr><td>预定桌数</td><td></td></tr>
<tr><td>酒水</td><td></td></tr>
<tr><td>结算时间</td><td></td></tr>
<tr><td>结算人</td><td></td></tr>
</table>

**随手札记**

经乙方同意，选择宴席价格____元/桌菜品，结算时要发票按______原价结算，不要发票按______元/桌结算，另加另算，宴席当天以现金埋单，不可以刷卡或者签单。

乙方负责人：____________

甲乙双方约定菜单：

____________ ____________

____________ ____________

____________ ____________

____________ ____________

协议内容：

1.乙方须在订宴席之日交付××××元订金，由吧台人员输入相关手续（姓名、联系地址或电话号码）以方便联系，中途违约不退订金。

2.最迟在婚宴前10天确定菜单，若临时变动或调整菜单，须提前3天与本酒店营业部接待人员联系及时更改。

3.甲方若因特殊情况，由于市场货源短缺，将提前1天与乙方负责人联系，协商更换同等价格菜品，乙方不得在结算时无故追究责任。

4.乙方若在吧台拿烟、酒等物品，经乙方负责人认可后方可领取，否则，甲方将本着对乙方负责的态度，拒绝为参加宴会人员提供任何物品。

5.预订桌数与实际桌数少2桌以内，由甲方负责处理，超过2桌以上，乙方必须按宴席菜品原价的50%向甲方缴纳菜品损失费用。

6.乙方在预订外临时增加桌数，将按实际桌数结算，其菜品不全，不能及时补充到位，影响正常上菜速度，请乙方给予谅解，但不影响餐后结算。

7.宴会上菜时，乙方可指派1人根据菜单，核对菜肴，若发现甲方有漏上菜品，及时找甲方负责人落实，情况属实甲方将菜品补上，若乙方当时对宴会菜肴无疑问，而在甲方收完台后，结账时提出有漏上菜品，甲方不予负责。

8.乙方客人损坏酒店物品时，由乙方照价赔偿（价目参照表）。

9.本酒店宴会台面为10人餐桌，请乙方嘉宾按位就座，除特殊情况外，不给予加座。

10.甲方向乙方提供婚宴时的物品存放位置，提供新郎新娘物品存放包厢一间，由乙方负责保管好自己的物品，出现丢失甲方不予负责。

11.宴会完毕后，乙方必须按照就餐完毕时间，以现金方式付清全部款项（不接受刷卡、不得以证件抵押或签单，优惠卡无效）。

12.乙方就餐完毕时清走剩余物品，并妥善保管好贵重物品，若有丢失甲方概不负责。

13.根据本市社会治安条例规定，乙方禁止在酒店内外燃放烟花爆竹，如有违反，后果由乙方承担。

14.宴会期间，因供电、供水部门突然停电、停水或其他不可抗拒的原因，影响宴会举行，乙方不得追究甲方任何的责任。此合同一式两份，请甲乙双方共同遵守，无异议签字后即行生效。

甲方签字：　　　　乙方签字：

年　月　日　　　　年　月　日

2.发布宴会通知单

餐饮经理在与客户签订合约并谈妥宴会细节后，对内应分发一份类似公文的"宴会通知单"（见表2-31），告知厨房等各个部门在该宴会中所应负责执行的工作。由于成功举办一个宴会需靠许多部门通力合作，所以如果一张"宴会通知单"能够清清楚楚地将所有工作事项列出来，对于举办宴会将有很大帮助。

"宴会通知单"即可称为这些工作部

表2-31　宴会通知单

发文日期：　　年　　月　　日

| 宴会名称： | |
|---|---|
| 日期： | 地址： |
| 联络人： | 电话： |
| 变更项目：　　　　原案：　　　　修订为：<br>日期：<br>时间：<br>人数/桌数：<br>场地：<br>餐饮： | |
| 其他变更项目： | 增加项目：<br><br>宴会销售组： |
| □总经理　□餐饮部　□宴会部　□财务部　□工程部　□西厨　□保安部<br>□采购部　□中厨　□花房　□美工　□前厅部 | |

随手札记

门的“工作订单”。“宴会通知单”的内容包括契约书中的主要资料，以及各部门所需准备的物品内容和相关事项，如订席时间和相关事项、接洽人、桌数、厅别、菜单、特殊要求等。各部门接到“宴会通知单”后，必须按照通知单上的要求执行工作。

总而言之，“宴会通知单”是各部门之间的沟通渠道。餐饮经理通过它在客户的要求与各部门的工作准备当中，直接搭起一座桥梁，以确保部门间彼此快速、直接地传达信息，进而获得最佳工作效率。

3.再次确认

客户有时候会对宴会细节稍作修改，如参加人数的增减、桌形的改变等，因此，餐饮经理应在宴会举办前一周，再与客户确认宴会相关事项，将发生错误的可能性降至最低。

在与客户确认后，如果没有需要变更的事项，一切准备工作即可依照“宴会通知单”所述进行；但若客户有变更，餐饮经理就必须马上以“宴会变更单”通知各相关部门。

## 八、进行客人意见调查

### （一）客人动机调查

为了使客人光顾酒店并且能及时提供适当的服务，餐饮经理首先必须了解客人的动机，以便更好地为客服务。

为调查客人的动机，餐饮经理可分发问卷调查表，请客人填写。

不同酒店可依其情况的不同，作适当的调整。此问卷应分平日、假日、高峰、清淡时间来调查，但这可能相当困难，所以不妨在开收据时，请客人填写，或是赠送小礼物等商请客人合作。

**【范例14】**

××酒店餐厅客人问卷调查表

请您从下列答案中选择您光临本餐厅的3个主要理由：

□交通方便

□菜色味道不错

□外观使人见了愉快

□清洁卫生

□颇有名气

□对服务人员印象良好

□经人介绍

□装潢设备不错

□适合约会聊天

□音乐设备不错

□清静、不拥挤

□备有受欢迎的报纸、杂志

□适合洽谈公事

### （二）餐饮部自我评估

为使本酒店餐厅深受客人欢迎，餐饮经理首先应对本部门进行评估。“餐饮部评估表”如表2-32所示。

### （三）客人满意度调查

餐饮部的自我评估有助于改善餐饮服务质量，提升服务水平，但是还不够。餐饮经理应定期开展客人满意度调查工作，让客人将自己的感受写下来。餐饮经理可以结合自我评估的情况和客人满意度调查结果，更全面仔细地找出工作中存在的不

### 表2-32　餐饮部评估表

以下问题是有关客人对店的印象，请把右栏你认为是最适合的数字圈起来（非常好+2，稍好+1，普通0，稍不好−1，非常不好−2）。无法决定时，请圈0。

| 内容 | 评价 | | | | |
|---|---|---|---|---|---|
| | 非常好 | 稍好 | 普通 | 稍不好 | 非常不好 |
| 1．外部 | | | | | |
| （1）外观是否比其他店有特征 | +2 | +1 | 0 | −1 | −2 |
| （2）外观上是否配合周围环境 | +2 | +1 | 0 | −1 | −2 |
| （3）门口是否便于客人进入 | +2 | +1 | 0 | −1 | −2 |
| （4）从远处看招牌是否醒目 | +2 | +1 | 0 | −1 | −2 |
| （5）样品及菜单是否让人看得懂 | +2 | +1 | 0 | −1 | −2 |
| （6）是否有多余的食物妨碍观瞻 | +2 | +1 | 0 | −1 | −2 |
| 2．内部 | | | | | |
| （1）室内空调设备是否良好 | +2 | +1 | 0 | −1 | −2 |
| （2）内部摆设是否恰当 | +2 | +1 | 0 | −1 | −2 |
| （3）整个色调是否适当 | +2 | +1 | 0 | −1 | −2 |
| （4）照明是否适合房间 | +2 | +1 | 0 | −1 | −2 |
| （5）柜台是否整洁 | +2 | +1 | 0 | −1 | −2 |
| （6）厨房是否清理干净 | +2 | +1 | 0 | −1 | −2 |
| （7）地板是否清扫干净 | +2 | +1 | 0 | −1 | −2 |
| （8）花卉与盆栽是否配合得当 | +2 | +1 | 0 | −1 | −2 |

（续表）

| 内容 | 评价 | | | | |
|---|---|---|---|---|---|
| | 非常好 | 稍好 | 普通 | 稍不好 | 非常不好 |
| （9）桌椅颜色是否适当 | +2 | +1 | 0 | −1 | −2 |
| （10）坐椅是否舒适 | +2 | +1 | 0 | −1 | −2 |
| （11）音乐音量与选曲是否适当 | +2 | +1 | 0 | −1 | −2 |
| （12）洗手间是否清洁 | +2 | +1 | 0 | −1 | −2 |
| （13）收银台周围是否清洁 | +2 | +1 | 0 | −1 | −2 |
| 3．桌子上 | | | | | |
| （1）桌子是否清洁整齐 | +2 | +1 | 0 | −1 | −2 |
| （2）糖罐、烟灰缸与餐巾盒等必需品是否齐备 | +2 | +1 | 0 | −1 | −2 |
| （3）杯子与汤匙的花纹、颜色是否适当 | +2 | +1 | 0 | −1 | −2 |
| 4．商品 | | | | | |
| （1）本店是否有诱客商品 | +2 | +1 | 0 | −1 | −2 |
| （2）早餐服务与优待券等是否有独特性 | +2 | +1 | 0 | −1 | −2 |
| （3）与其他店比较是否味道好 | +2 | +1 | 0 | −1 | −2 |
| （4）与其他店比较是否价格公道 | +2 | +1 | 0 | −1 | −2 |
| （5）与其他店比较是否种类丰富 | +2 | +1 | 0 | −1 | −2 |

（续表）

| 内容 | 评价 | | | | |
|---|---|---|---|---|---|
| | 非常好 | 稍好 | 普通 | 稍不好 | 非常不好 |
| 5. 菜单 | | | | | |
| (1) 样品与菜单照片是否与商品有差异 | +2 | +1 | 0 | −1 | −2 |
| (2) 墙上及桌上菜单是否让客人看得清楚 | +2 | +1 | 0 | −1 | −2 |
| (3) 追加餐饮是否有优待（如第2杯价格打折） | +2 | +1 | 0 | −1 | −2 |
| 6. 员工 | | | | | |
| (1) 服装是否干净整洁 | +2 | +1 | 0 | −1 | −2 |
| (2) 讲话与态度是否良好 | +2 | +1 | 0 | −1 | −2 |
| (3) 叫菜是否会弄错 | +2 | +1 | 0 | −1 | −2 |
| (4) 要求供应冰水或者烟是否欣然接受 | +2 | +1 | 0 | −1 | −2 |
| (5) 是否面带微笑、服务态度良好 | +2 | +1 | 0 | −1 | −2 |
| (6) 是否有互相私语 | +2 | +1 | 0 | −1 | −2 |
| (7) 是否与特定客人过于亲密 | +2 | +1 | 0 | −1 | −2 |
| 7. 附属设备 | | | | | |
| (1) 是否备有报纸、杂志 | +2 | +1 | 0 | −1 | −2 |

（续表）

| 内容 | 评价 | | | | |
|---|---|---|---|---|---|
| | 非常好 | 稍好 | 普通 | 稍不好 | 非常不好 |
| (2) 点唱机是否按客人要求设置使用法 | +2 | +1 | 0 | −1 | −2 |
| (3) 电视机等是否按客人的要求播放 | +2 | +1 | 0 | −1 | −2 |
| 8. 营业服务 | | | | | |
| (1) 营业时间是否配合客人 | +2 | +1 | 0 | −1 | −2 |
| (2) 叫餐饮是否迅速送到 | +2 | +1 | 0 | −1 | −2 |
| (3) 是否有回收券等服务 | +2 | +1 | 0 | −1 | −2 |
| (4) 接打电话、店内广播是否亲切 | +2 | +1 | 0 | −1 | −2 |
| (5) 提供小毛巾等服务是否适当 | +2 | +1 | 0 | −1 | −2 |
| (6) 冰水的追加服务是否确实在做 | +2 | +1 | 0 | −1 | −2 |
| 9. 整个情况 | | | | | |
| (1) 整个店是否有温暖的气氛 | +2 | +1 | 0 | −1 | −2 |
| (2) 店名是否易懂、有亲切感 | +2 | +1 | 0 | −1 | −2 |
| (3) 光顾本店的是否都是好客人 | +2 | +1 | 0 | −1 | −2 |

说明：餐饮经理对评估表中的全部项目进行评分，然后看综合分数的正负。如果是负数，就应引起注意并加以改进，综合分至少应该在50分以上，否则就难免会倒闭。

足，作出改进。当然，这需要餐饮经理设计好客人满意度调查问卷，按照问卷内容开展调查工作，如下例所示。

随手札记

【范例15】

××酒店餐厅客人满意度调查表

正确填写方法：在□上画√

1.请评价您对本餐厅总体满意度如何：　非常满意 ←→ 极不满意

5　4　3　2　1

2.您如何评价以下情况　极有可能 ←→ 绝不可能

| | | 5 | 4 | 3 | 2 | 1 |
|---|---|---|---|---|---|---|
| （1）如果是相似原因就餐，会再次光临本餐厅吗？ | | 5 | 4 | 3 | 2 | 1 |
| （2）您愿意将本餐厅推荐给他人吗？ | | 5 | 4 | 3 | 2 | 1 |

3.请您从以下几方面评价本餐厅？　优　秀 ←→ 无法接受

| | | | | | | |
|---|---|---|---|---|---|---|
| 抵达 | 车场服务及领位的服务快捷度和效率 | 5 | 4 | 3 | 2 | 1 |
| 餐厅环境 | 餐厅公共区域的清洁程度 | 5 | 4 | 3 | 2 | 1 |
| | 餐厅的安全保卫 | 5 | 4 | 3 | 2 | 1 |
| | 餐厅的维护保养状况 | 5 | 4 | 3 | 2 | 1 |
| | 餐厅卫生间的清洁卫生状况 | 5 | 4 | 3 | 2 | 1 |
| | 餐厅的安静程度 | 5 | 4 | 3 | 2 | 1 |
| | 餐厅的照明 | 5 | 4 | 3 | 2 | 1 |
| | 餐具洁净度 | 5 | 4 | 3 | 2 | 1 |
| | 您对餐厅的第一印象 | 5 | 4 | 3 | 2 | 1 |
| | 家具、地毯、地板等状况 | 5 | 4 | 3 | 2 | 1 |
| 员工 | 员工能够微笑服务 | 5 | 4 | 3 | 2 | 1 |
| | 服务员工的专业知识 | 5 | 4 | 3 | 2 | 1 |

（续表）

| | | | | | | |
|---|---|---|---|---|---|---|
| | 员工的服务与操作技能 | 5 | 4 | 3 | 2 | 1 |
| | 员工满足您所提需求的及时性 | 5 | 4 | 3 | 2 | 1 |
| | 员工完成您所提需求的准确性 | 5 | 4 | 3 | 2 | 1 |
| | 员工对您需求的预见能力 | 5 | 4 | 3 | 2 | 1 |
| | 员工对客人的关注程度 | 5 | 4 | 3 | 2 | 1 |
| | 员工彼此间是否相互配合 | 5 | 4 | 3 | 2 | 1 |
| 食品 | 食品的色彩和装盘质量 | 5 | 4 | 3 | 2 | 1 |
| | 食品味型、质地和口感质量 | 5 | 4 | 3 | 2 | 1 |
| | 食品温度 | 5 | 4 | 3 | 2 | 1 |
| | 上菜及时 | 5 | 4 | 3 | 2 | 1 |
| | 菜式的可选择性 | 5 | 4 | 3 | 2 | 1 |
| | 菜品物有所值 | 5 | 4 | 3 | 2 | 1 |

4.请指出您在本餐厅曾遇到过的问题。（请选择所有相关项目）

□引领到位服务　□员工的态度　□餐厅服务
□员工的知识　□公共区域的清洁程度　□预订准确性
□噪声来自餐厅外　□餐厅维护保养　□您抵达时，餐厅的准备状况
□噪声来自餐厅内　□空调系统（供热／冷）　□餐厅员工服务的及时性
□食品质量　□坐厕／洗手盆／卫生间用品　□餐厅员工服务的准确性

5.您来本餐厅主要目的是什么？□朋友用餐　□商务　□工作餐　□家庭聚会

6.您的性别：□男性　□女性

7.是否有让您感到满意的员工？姓名：＿＿＿＿＿＿　部门：＿＿＿＿＿＿

为什么：＿＿＿＿＿＿＿＿＿＿＿＿＿＿＿＿

8.为了改进本餐厅产品及服务，请提宝贵意见。

客人姓名：＿＿＿＿＿＿　联系电话：＿＿＿＿＿＿

**特别提示：**

作为餐饮经理，必须经常提醒自己，用客人的眼睛展望酒店餐厅的前途。并且只要客人有批评及建议反映给店方，就应随即采纳并迅速进行改善，如此才能受到大众的欢迎。

## 九、每周工作总结

餐饮经理应在每周工作结束时，对本周工作做个总结，以便在下周部门经理周例会上通报本部门工作情况。在总结中将本部门出现的问题如实记录下来，并寻求解决方案。

下面是某酒店餐饮部一周工作总结，仅供参考。

【范例16】

××酒店餐饮部周工作总结

（××××年7月5～12日）

一、本周经营情况

| 本周＼部门 | 中餐部（总指标92.39万元） | 西餐部（会议）（总指标53.95万元） |
|---|---|---|
| 营业总收入（万元） | 31 | 11 |
| 总接待人数（人次） | 4665 | 1459 |
| 茶市接待人数（人次） | 1373 | 1270 |
| 饭市接待人数（人次） | 3292 | 189 |
| 茶市人均消费额（元） | 33 | 36 |
| 饭市人均消费额（元） | 89 | 59 |
| 已完成本月指标 | 59.04% | 34.04% |
| 本月累计 | 55 | 18 |
| 上年同期 | 42 | 22 |
| 相比上年同期 | 增加13万元 | 减少4万元 |

二、物耗方面

1.中餐部：6月25日～7月12日合计：9000元，占总指标31000万元的30%，其中（中厨部2550元、中餐厅6150元、餐饮办公室80元、酒吧220元）

2.西餐部：6月25日至7月12日合计：

随手札记

7000元。占指标19500元的36%，其中（西餐厅：4000元、西厨：2000元、员工餐厅：1000元）

三、能耗方面

1.中餐部：6月25日～7月12日合计：55631元，占总指标144200元的39%，其中（中厨煤气：23364元、中餐厅电费：5898元、中厨电费：20944元、中餐厅空调费：5425元）

2.西餐部：6月25日～7月12日合计：22728元，占总指标38200元的59%，其中（西厨煤气：6408元、西餐厅电费：5845元、西厨电费：7780元、会议电费：2692元）

四、人员方面

中餐部：在职员工共81人（其中办公室2人、中餐厅20人，宴会部2人、咨客4人、酒吧2人、管事20人、中厨20人、点心8人、烧味3人），相比编制架构表84人少4人。

西餐部：在职员工共44人（其中西餐厅8人、会议接待6人、西厨15人、员工饭堂15人），相比编制架构表50人少6人。

五、本周工作总结

1.餐饮部顺利完成了各项接待工作，其中中餐部接待了8个团；西餐部接待了15个团队的客人。

2.顺利推出从×××美食节第二阶段“创意新菜、映月领鲜”系列菜式的促销活动，客人反映较好。

3.对新员工及临时工进行专业技能培训，特别是提高临时工的服务意识，使中餐服务在人手紧缺的情况下起到了很好的效果。

不足之处：

由于周末期间生意爆满的情况下，我部新到临时工较多，服务意识较浅导致服务跟不上。

六、下周工作计划

1.组织人力物力做好旺季的接待工作。

2.对上周六、日高峰期计算机死机的问题，本部召开专题会议，制定中西餐入单、结算平时操作的应急预案流程，避免出现运营操作流程中断，影响酒店声誉。

3.着重检查餐饮部安全、卫生、服务、培训四大工作及督导，提升餐饮部各项工作管理水平。

××酒店餐饮部

××××年7月12日

## 十、每周自我反思

餐饮经理在每周工作结束时，除了要做好工作总结外，还应该进行自我反思。每周工作总结是针对餐饮部整体工作，而自我反思则是针对自己的。

因为餐饮经理的工作主要是管理，也就是与部门内外各级人员如餐饮部员工、酒店其他部门、客人等沟通交流，以完成酒店的工作。既然是与人交流，就难免会出现沟通不畅的问题，例如，某天同一位客人沟通时，过于急躁，以至于发生冲突，可能会导致酒店失去这位客人。

餐饮经理应不断反思，将这些问题如实记录下来，寻求改进方法，避免在以后的工作中犯同样的错误。

表2-33　餐饮经理每周自我反思

日期：

| 内容<br>日期 | 个人问题 | 解决方案 |
| --- | --- | --- |
| 周一 | | |
| 周二 | | |
| 周三 | | |
| 周四 | | |
| 周五 | | |
| 周六 | | |
| 周日 | | |

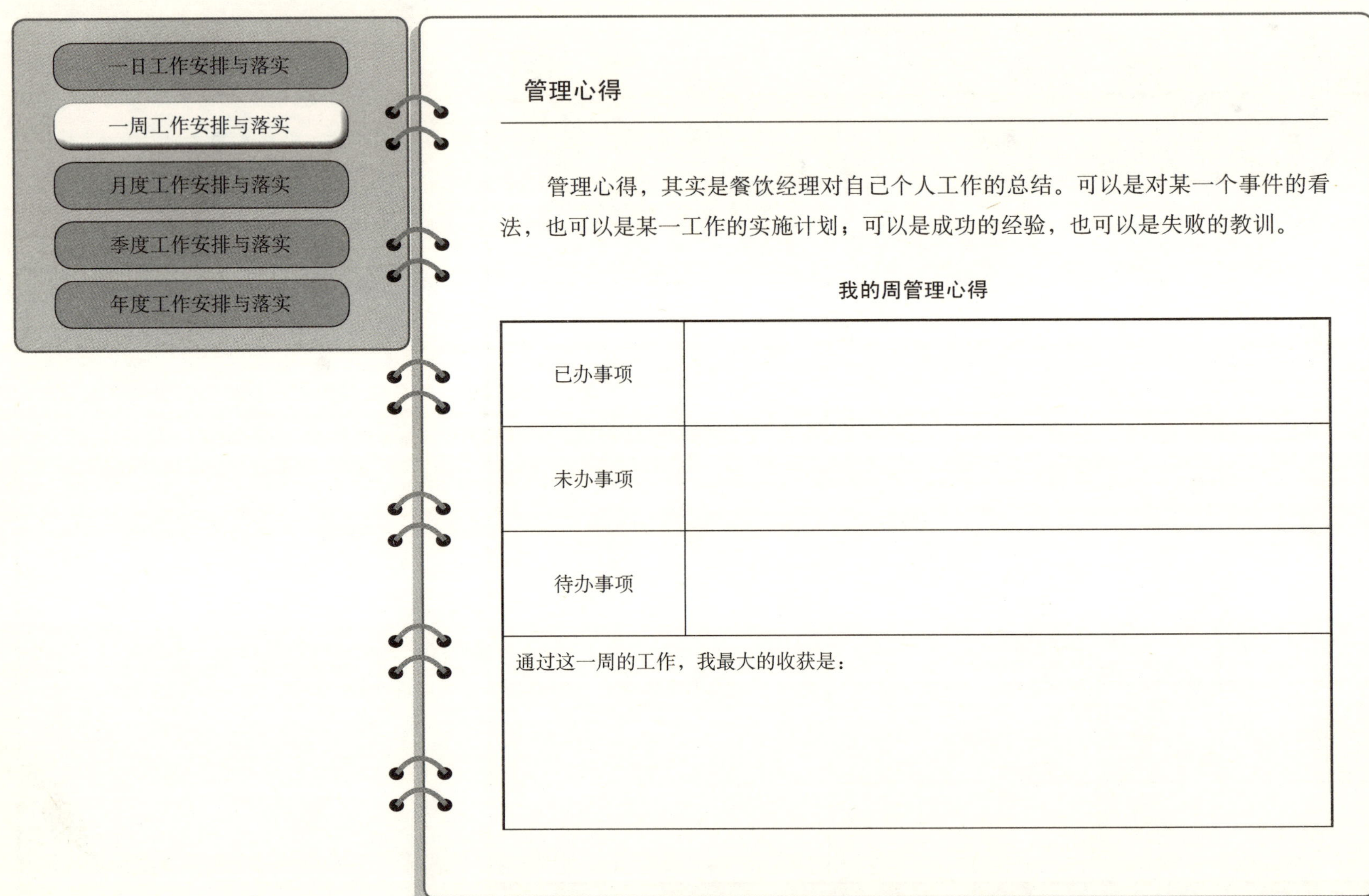


## 管理心得

管理心得，其实是餐饮经理对自己个人工作的总结。可以是对某一个事件的看法，也可以是某一工作的实施计划；可以是成功的经验，也可以是失败的教训。

**我的周管理心得**

| 已办事项 | |
|---|---|
| 未办事项 | |
| 待办事项 | |
| 通过这一周的工作，我最大的收获是： | |

# 第三章

# 月度工作安排与落实

餐饮经理工作事情多且杂，需要与各个部门沟通协调，如果没有按时做好工作，将会影响其他部门正常运转。如没有及时与客房部核对客人送餐状况，以致有些客人订餐没有及时送到，导致客人投诉。

每个月的工作有常规的，也有突发的，餐饮经理要做到让自己忙而不乱，井井有条，就必须做好工作安排。

## 一、制订月度工作计划

### （一）月度重点工作指引

一年有12个月，每个月餐饮经理都有大量工作要做，如审查各类报表，巡视楼面和厨房，培训员工，参加各种会议等。为了使工作变得井然有序，餐饮经理可以制订月度重点工作表，将每个月要做的重点事情列在表上予以特别关注，优先处理，从而避免完全陷入日常琐事中。表3-1是某餐饮经理的月度重点工作指引。

当然，你可以根据自己的实际情况来编制一份月度重点工作指引表。在编写中要仔细思考，所安排的这些工作是否符合实际情况，若不符合，要及时修改。

### （二）月工作计划

餐饮经理确定了每一个月的重点工作之后，就要制定每个月的具体工作计划。以下是某餐饮经理的月工作计划，见表3-2。

表3-1　月度重点工作表

| 月份 | 重点工作 | 备注 |
| --- | --- | --- |
| 1月 | 1.组织完善餐饮部管理制度，编制部门计划<br>2.餐饮部设备管理，提出更新改造方案，提高设备完好率和利用率<br>3.做好年度预算工作 | |
| 2月 | 1.确定餐饮部新员工需求数量<br>2.配合人力资源部招聘新员工<br>3.对新员工进行入职培训指导 | |
| 3月 | 1.制订餐饮部对客服务作业标准<br>2.对餐饮部的物料进行第一季度盘点<br>3.总结部门第一季度工作，并制订下一季度工作计划 | |
| 4月 | 1.开展餐饮部卫生大检查工作<br>2.检查并完善餐饮部服务项目 | |
| 5月 | 1.组织新员工培训管理<br>2.对新员工进行服务意识培训<br>3.组织部门管理人员培训 | |
| 6月 | 1.组织开展“服务月”活动<br>2.对餐饮部物料进行第二季度盘点<br>3.总结部门第二季度工作，并制订下一季度工作计划 | |

（续表）

| 月份 | 重点工作 | 备注 |
|---|---|---|
| 7月 | 1.建立部门突发事件应急处理预案<br>2.担任酒店值班经理，指示其他部门工作<br>3.接待大型宴会客人 | |
| 8月 | 1.组织带领部门季度优秀员工到省内旅游<br>2.组织年度餐饮部服务员操作技能大赛<br>3.对楼面进行大清洁 | |
| 9月 | 1.餐饮部管理基础知识培训<br>2.制订十一黄金周餐饮部接待计划<br>3.总结部门第三季度工作，并制订下一季度工作计划 | |
| 10月 | 1.全力组织部门人员十一黄金周客人接待工作<br>2.实施餐饮部设施设备管理新规定<br>3.餐饮部计划卫生实施情况抽查 | |
| 11月 | 1.制订餐饮部设备更新改造计划<br>2.年度客人投诉处理情况分析 | |
| 12月 | 1.餐饮部门年终总结及下年度工作安排<br>2.配合人力资源部对员工进行年终绩效考核<br>3.制订春节期间餐饮部接待计划 | |

随手札记

表3-2　月工作计划表

| 序号 | 工作内容 | 阶段目标 | 目标达成时间 | | | | 责任人 |
|---|---|---|---|---|---|---|---|
| | | | 第一周 | 第二周 | 第三周 | 第四周 | |
| 1 | 检查餐饮部设备 | 修理或更换已损坏的设备 | ○ | | | | |
| 2 | 抽查厨房各工作间如熟食间、面点间等 | 确保所有工作间已清理完毕 | ○ | ○ | ○ | | |
| 3 | 收集客人意见 | 根据客人意见改进工作中不完善的地方 | | | ○ | | |
| 4 | 参加新入职员工指导会议 | 向新员工仔细介绍酒店概况及餐饮部具体情况 | | ○ | | | |
| 5 | 开展餐饮部月度员工培训计划 | 提高员工实际操作技能 | | ○ | | | |
| 6 | 准备本月工作总结和下月工作计划 | 了解本月餐饮部经营情况，对不完善的地方进行改进 | | | | ○ | |
| …… | …… | | | | | | |

可以看出，该餐饮经理该月工作重点是抽查厨房各工作间。现在，你也可以根据自己月工作重点来制订一份月工作计划表。

## 二、制订每月排班表

酒店的工作是日夜连续不停的，因为随时都可能会有客人来入住。为了保证客人的饮食供应顺利进行，餐饮经理必须仔细排好班次。

合理的班次安排，对有效地组织餐厅服务活动、提高工作效率、取得最佳经济效益都有十分重要的意义。餐饮经理对班次的安排要根据各餐别服务活动的特点、营业时间、服务人数和工作任务等因素综合考虑，做到安排合理，能够充分发挥每个服务人员的作用。服务时间和班次安排，要以方便客人、满足客人需求为出发点。

### （一）排班的原则

餐饮经理安排排班表时，必须权衡人员和营运的需要，满足个人的需要固然有助于提高士气和生产力，但是营运的需要也不能忽略。以下的原则兼顾了人员和营运的需求，使餐饮部的排班表可以在两者之间取得平衡：

（1）餐饮部排班表应以月为单位，每月安排一次，至少在每月近月底（26、27日）时完成，月底以前公布。

（2）管理人员平均每周工作5日，每天工作9小时，每月尽量在周六或周日安排一次休息。

（3）服务员平均每周工作6日，每天工作8小时，保证每个月休息4天，休息可视实际需求轮流进行。

### （二）排班的方式

餐厅班次安排的方式有两种：一是“两班制”；二是“插班制”，餐饮经理可根据餐饮部实际情况作出合理安排。

1.两班制

两班制即将所有餐厅服务人员对半分：一部分上早班，开早餐和午餐；另一部分上晚班，开晚餐和宵夜，隔周转换。这种方法简便、好记，但在非营业时间会出现人浮于事的现象，而在就餐的高峰时，人手又显得不足。

2.插班制

插班制是根据一天三餐中的高峰时间，将餐厅服务人员分成人数不同的多个小组，高峰时人员比较集中，非营业时间里只留少量几个服务员做准备和收尾工作，而让大部分服务员得到休息。这种排班的方法能够适应大多数餐厅服务活动的需求，充分利用现有的服务人员，保证经营活动的顺利进行。

表3-3是某酒店餐饮部采用插班制制订的排班表，仅供参考。

## 三、在岗员工培训

餐饮经理要对在岗员工的培训工作予以高度重视。因为餐饮部每个岗位都有很多专业知识，需要在岗员工不断深入学习。一般来说，在岗员工的培训工作包括以下几个方面：

### （一）服务意识培训

酒店是服务行业，服务水平的高低直接决定了酒店的形象和最终收益。但是许多员工，即使已经正式入职很长时间，却仍然没有充分认识到服务的重要性，导

表3-3　某酒店餐饮部排班表

部门：　　　　　　　　　　　　　　　　　　　　日期：

| 序号 | 工号 | 姓名 | 职务 | 1 | 2 | 3 | 4 | 5 | … | 28 | 29 | 30 | 31 | 备注 |
|---|---|---|---|---|---|---|---|---|---|---|---|---|---|---|
| 1 | 2001 | 朱×× | 收银员 | A | A | B | B | B |  | C | C | C | C |  |
| 2 | 2003 | 周×× | 楼面服务员 | A | A | A | B | B |  | B | B | B | B |  |
| 3 | 2007 | 齐×× | 楼面服务员 | B | B | B | B | B |  | B | B | B | C |  |
| 4 | 2008 | 王×× | 楼面主管 | B | B | B | C | C |  | C | C | C | C |  |
| 5 | 2009 | 韩×× | 吧台服务员 | B | A | A | C | C |  | C | C | C | C |  |
| 6 | 2016 | 曾×× | 吧台服务员 | C | C | C | C | B |  | B | B | B | A |  |
| 7 | 2019 | 田×× | 吧台主管 | C | C | C | C | B |  | B | B | B | A |  |
| 8 | 2005 | 潘×× | 吧台服务员 | A | B | B | B | B |  | C | C | C | C |  |
| 9 | 2026 | 马×× | 吧台服务员 | A | A | A | A | A |  | C | C | A | A |  |

说明：早班A：9:00～16:00，中班B：11:00～19:00，晚班C：14:30～22:00。

致在平时对客服务中出差错，引起客人不满，给酒店造成损失。

因此，餐饮经理应对部门员工进行有针对性的服务培训，反复不断地向员工强调优质服务意识。下例是某酒店餐饮部服务培训的标准，仅供参考。

【范例17】

××酒店餐饮服务培训标准

1.目的

为提高餐饮部人员的服务质量，提升酒店形象，特制定本标准，望相关人员遵照执行。

2.仪容仪表

（1）餐饮部所有员工都需穿着整洁，工服需经常换洗，皮鞋必须始终保持干净光亮。

（2）工作牌需佩戴在外衣或大衣左胸前。

（3）女员工需化淡妆，将长发梳起，保持整洁。

（4）楼面服务员的站姿要保持直立，但注意不要僵硬，不能倚靠墙壁或桌椅，更不能背靠前台。

3.工作行为

（1）工作时间禁止看报纸或杂志。

（2）工作时间禁止睡觉。

（3）工作时间禁止吸烟。

（4）工作时间禁止聊天。

4.礼节礼貌

（1）餐饮部员工在任何时候都必须以热情、礼貌的态度接待客人。

（2）不允许与客人争吵，即使是客人的错，也要记住：客人永远是对的。

（3）如果是我们的错，要向客人真诚地道歉，说：“对不起，先生/小姐。”

（4）主动向客人问好，始终保持微笑与目光接触。

（5）使用标准问候语：早上好、下午好、晚上好、晚安等。

（6）不要对客人说“不”，如果你听不懂或不知道答案，请求别人帮助。

（7）在与客人交谈时尽量使用尊称。如果是常客，应以全名称呼。

（8）要经常使用“请”和“谢谢”。

5.其他标准

（1）餐饮部员工应熟知酒店各项服务设施。

（2）餐饮部员工应熟知餐厅营业时间、特殊时间和周边旅游知识。

**特别提示：**

这种培训不像岗位技能培训，完全掌握后就不必再学，它必须长期进行下去，以不断强化餐饮部员工的服务意识，使他们在任何时刻都不松懈，都严格遵守培训中的服务规范。只有这样，员工才能慢慢形成牢固的服务意识，以便在日后对客服务中做得更好。

### （二）岗位技能培训

要想让员工以最佳效果完成工作，就必须进行岗位技能培训。尽管有些在职员工都已接受了这些培训，但在平时的工作当中往往又忽略了，如客人点了某道菜后，服务员不清楚厨房还有没有这道菜等，餐饮经理通过这些岗位技能培训可使在职员工的工作水平得到不断的提高。

餐饮经理对基层员工的培训应侧重其实际操作技能，比如楼面服务员上菜的

随手札记

培训，培训目的是使员工熟练掌握这些技能，以减少失误，提高效率。餐饮经理可根据具体的操作技能制订相应的培训计划，必要时餐饮经理可亲自担任培训讲师。培训结束后，餐饮经理应对员工进行考核，以便保证培训达到了预期的效果。

下例是某酒店餐饮部对服务员的托盘技能培训，仅供参考。

【范例18】

××酒店岗位技能培训

培训内容：托盘的使用方法。

培训时间：××

培训地点：×××

一、理论知识

1.定义

托盘是餐饮服务员端送菜肴、酒水、撤换盘碟等的常用工具。

2.托盘的分类

（1）从质地上分，主要有金属托盘（如铝制、不锈钢等）、硬质塑料托盘和搪瓷托盘等种类。

（2）从尺寸上分，可分为大、中、小三种规格。

（3）从形状上分，可分为方形、长方形和圆形等种类。

——大长方形和大方形托盘，主要用于运送菜肴、酒水、盘碟等分量较重的物品，一般用在大型宴会上。

——中型托盘（中方形和中圆形）用途较广，可以运送菜肴，也可以托送酒水，还可以用于摆、撤餐台。

——小型托盘多用于送茶、咖啡、饮料，有的餐厅则用于递送账单等。

3.托盘的方法

托盘的方法，按其所托的重量差别可分为轻托与重托两种。

（1）轻托（胸前托）操作方法：

——理盘：在理盘前要将托盘及手进行消毒。将要用的托盘洗后用布擦干放上洁净的花垫或布垫上，垫布的大小和托盘相适应，外露部分均匀。这样即美观又整洁，还可防止托盘内东西的滑动而发生意外。

——装盘：根据物品的形状、重量、体积和使用的先后次序合理装盘。重物合理装配，轻托的物品装盘除碟、碗外，一般要求平摆，并根据所用的托盘形状码放。用圆托盘时，码放物品应呈圆形；用方托盘时横竖成行；但二者的重心应在托盘的中心部分，摆放均匀，保持重心。先用的在上、在前，后用的在下、在后等。

——托盘：托盘用左手，端放在左手掌上为客人服务。方法是：左手向上弯曲，小臂垂直于左胸前呈90度，肘与腰部距15厘米，大臂垂直，掌心向上，五指分开，用手指和掌托住盘底，手掌形成凹形，使之平托与胸前，掌心不与盘底接触，托起前左脚超前，左手与左肘呈同一平面。用右手紧紧把盘拉到左手和左肘上，先用左手、左肘把盘放于平肘上，再用右手调整好盘内的物件。确保托盘平衡，使之平托于胸前。

——行走：头正臂平、上身挺直、注视前方、脚步轻缓、动作敏捷、步伐稳健、视线开阔。托盘时手腕转动轻松、灵活。使托盘随走动的步伐自然摆动。切记不可出现僵硬和托盘摆动幅度太大而不美观、不高雅的动作。行走步分五种，如下图所示。

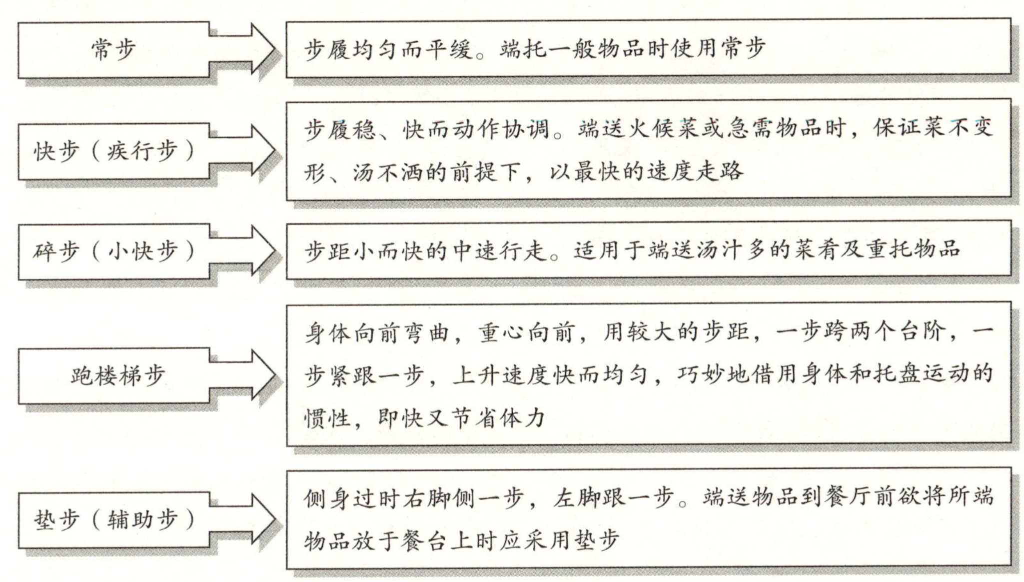


行走种类

——卸盘：当物品送到餐厅时，小心的放在一个选择好的位置，双手将盘端至桌前，放稳后再取物品。从盘两边交替拿下。

（2）重托方法：

重托一般指托5千克以上的物品，常用于宴会跑菜、送汤，收拾大规格菜盘等。

重托是对较大且重的物品的端托，需服务员有一定的臂力和技巧。

——理盘：与轻托基本相同，应选大小适宜的托盘。重托往往端托汤汁较多的物品，做好清洁工作是非常重要的，只有及时将盘内的油污清洗干净，才能避免物体滑动的事故。

——装盘：做到托盘内的物品分类码放，均匀得体，使物品的重量在盘中分布均匀，并注重把物品按高矮大小摆放协调，切忌将物品无层次地混合摆放，以免造成餐具破损。装盘时还要使物与物之间留有适当的间隔。以免端托行走时发生碰撞而产生声响。

——托盘：重托又叫肩上托，重托起托的姿势是双手将盘移至服务台边，使托盘1/2悬空。右手扶托盘将托盘托平，双脚分开呈八字形，双腿下蹲，略成骑马势，腰部略向前弯曲。左手伸开五指托起盘底。掌握好重心后，用右手协助左手向上用力将盘慢慢托起，在托起的同时，左手和托盘向上向左旋转过程中送至左肩外上方，待左手指尖向后托盘距肩2厘米处，托实、托稳后再将右手撤回呈下垂姿。托至盘子不靠臂、盘前不靠嘴、盘后不靠发（右手扶住盘前角）。托盘一旦托起，要始终保持均匀用力，将盘一托到底。否则会造成物品的歪、撤、掉、滑的现象。并随时准备摆脱他人的碰撞，上身挺直，两臂平行，注视前方。行走步履稳健平缓，臂不倾斜，身不摆晃，遇障碍物绕而不停，起托后转，掌握重心，要保持动作表情轻松、自然。

二、实操练习

（1）培训人员现场讲解，示范使用托盘技巧。

（2）基础练习：服务员将一个盛满水的大汤盆放在圆托上，在指定的路线上练习行走。

练习时间：40～60分钟。

练习要求：保持托盘平行、平稳，基本没有水溢出。

（3）实操练习：服务员将盛满的2个汽水瓶、2个塑料矿泉水瓶、2杯冰水、4只水杯，按内高外矮，内满外空，内重外轻，放在托盘上行走（在指定路线上）。

练习时间：30分钟。

练习要求：保持托盘平行、平稳，没水溢出。

（4）服务练习。

——上饮品：服务员将盛装满的2个汽水瓶、2个塑料矿泉水瓶、2杯冰水、4只水杯，按内高外矮，内满外空，内重外轻的要求放在托盘上，在指定路线上行走。然后逐一为客人上饮品。全部饮品上完后，再重新开始将饮品和瓶撤走。

练习时间：30分钟。

练习要求：

• 饮品按内高外矮，内满外空，内重外轻摆放。

• 保持托盘平衡，没有倒瓶现象，行走自如。

• 在客人右边，按先女后男，顺时针方向服务上饮品。

• 上饮品时提醒客人，让客人知道你在身旁时，再为客人上饮品。

• 服务饮品时，杯应摆在正对客人的位置上。

• 拿杯时，握杯脚和杯座。

• 报饮品名称："这是你的……"。

• 倒饮品至杯中八分满，将未倒完的瓶放在杯的右上方。

• 请客人慢用："请慢用"。

• 服务中，饮品不溢出托盘及餐台、客人身上。

• 服务时轻松自如，保持微笑。

——用托盘将客人台面上的杯、瓶撤走。

练习要求：

• 在客人右边询问客人可否撤走杯、瓶。“请问可以把它拿走吗”？

• 先撤空瓶，再撤空杯。

• 按内高外矮，内满外空，内重外轻的要求放在托盘上。

• 正确姿势使用托盘。

• 保持托盘平衡，没有倒瓶、倒杯现象，行走自如。

• 收撤动作轻松、自然，面带微笑。

三、考核

培训结束后，要对培训学员进行考核，以评估培训的效果。托盘操作考核见下表。

**圆托盘操作考核表**

| 项目 | | 标准分 | 姓名 | | |
|---|---|---|---|---|---|
| | | | | | |
| | | | 扣分 | 扣分 | 扣分 |
| 端圆托盘技巧 | 1.手掌向上，五指自然伸开，掌心微凹。托着圆托底部的中央位置 | 5分 | | | |
| | 2.后臂垂直，前臂、手腕、手掌成一直线（平面），与后臂成90度 | 5分 | | | |
| | 3.托盘的高度可自行调节以达到自己最舒服、最省力的位置上 | 4分 | | | |
| | 4.圆托的边沿某一点可触放手腕上以达到更省力的效果 | 4分 | | | |
| | 5.托盘的物品摆放原则上遵循：a.内高外矮；b.内满外空；c.内重外轻 | 5分 | | | |

随手札记

（续表）

| 项目 | | 标准分 | 姓名 | | |
|---|---|---|---|---|---|
| | | | | | |
| | | | 扣分 | 扣分 | 扣分 |
| 上饮品服务 | 1.保持托盘平衡，没有倒瓶现象行走自如 | 8分 | | | |
| | 2.在客人右边，按先女后男，顺时针方向服务饮品 | 2分 | | | |
| | 3.上饮品时提醒客人，说：“先生/小姐”，让客人知道你在身旁时，再为客人上饮品 | 5分 | | | |
| | 4.服务饮品时，杯应摆在正对客人的位置上 | 2分 | | | |
| | 5.拿杯时，握杯脚和杯座 | 5分 | | | |
| | 6.报饮品名称：“这是你点的……” | 3分 | | | |
| | 7.倒饮品到杯中至八分满，将未倒完的瓶放在杯的右上方 | 5分 | | | |
| | 8.请客人慢用：“请慢用。” | 3分 | | | |
| | 9.服务中，饮品不溢出托盘及餐台、客人身上 | 8分 | | | |
| | 10.服务时轻松自如，保持微笑 | 5分 | | | |
| 撤走杯、瓶 | 1.在客人右边询问客人可否撤走杯、瓶。“请问可以把它拿走吗？” | 3分 | | | |
| | 2.先撤空瓶，再撤空杯 | 5分 | | | |
| | 3.按内高外矮，内满外空，内重外轻的要求放在托盘上 | 5分 | | | |
| | 4.正确姿势使用托盘 | 5分 | | | |
| | 5.保持托盘平衡，没有倒瓶、倒杯现象，行走自如 | 8分 | | | |
| | 6.收撤动作轻松、自然，面带微笑 | 5分 | | | |
| | 总分： | 100分 | | | |

### （三）升职晋级培训

酒店内的基层管理人员如各部门领班主管等，他们往往会有比较强烈的升职愿望，因此，餐饮经理应高度重视他们对升职晋级的强烈需求，与人力资源部进行合作，制订相适应的培训计划，如表3-4所示。

### （四）外语培训

外语培训对涉外酒店或接待外宾较多的酒店较为有用，它主要分为两部分：一是酒店岗位外语部分，要求每位在职员工都必须达到某种水平，如初级、中级或高级，同时明确要求不同级别员工必须达到的外语水平：如领班主管必须要通过中级，基层员工必须通过初级，而部门经理必须通过高级等。否则不给予提升或加薪，将外语作为员工素质的一部分，纳入到酒店薪酬体系当中。当然这就要求外语培训资料是完善的和客观的，对不同级别的外语的培训资料、考核等必须是配套的。另一部分就是一般性的外语培训，同

表3-4　管理人员培训表

| 培训对象 | 培训内容 |
| --- | --- |
| 管理人员 | 按照管理人员未来工作岗位的需要，设计培训课程和提出岗位实习要点。培训内容如下：<br>（1）经营理念及企业形象的维护<br>（2）餐厅、后厨设计及设备规划标准<br>（3）用人制度规定<br>（4）会计制度、现金运作、财务报表规定<br>（5）采购进货、价格政策<br>（6）存货盘点及物料管理制度<br>（7）对紧急事件处理的原则规定<br>（8）熟悉各项设备、炊具、餐具的使用操作、保养维修<br>（9）了解各项商品进出的运作及记账方式<br>（10）每日结账、账务管理办法<br>（11）人员使用、培训辅导及士气激励<br>（12）员工调薪、福利及纪律管理<br>（13）报表的填写、分析<br>（14）员工业绩考核方法<br>（15）店内紧急事件处理的实务演练<br>（16）对客人的礼仪<br>（17）客人意见调查、收集及向上级汇报<br>（18）对客人投诉的处理<br>（19）市场信息的收集<br>（20）分店开业流程策划，广告宣传促销 |

随手札记

样可分为初级和提高两类，主要为那些外语基础较差的员工而设置。

## 四、食品安全管理

食品安全是指对食品按其用途进行制作和食用时不会使消费者受害的一种担保。餐饮部的卫生是安全管理的入口，对餐饮部门的卫生管理工作详见本书第二章相关内容。

但即便抓好了餐厅的卫生管理，也无法完全保证食品一定安全，现实经营中仍可能有很多原因使食品的安全受到威胁。餐饮经理的食品安全管理工作核心在于防范，防范的核心则在于预防食物中毒。

### （一）食物中毒产生的因素

我国食品卫生国家标准（GB14938—94）中明确了食物中毒的定义，即指摄入了含有生物性、化学性有毒有害物质的食品，或把有毒有害物质当作食品摄入后出现的非传染性（不属于传染性）的急性、亚急性疾病。

在餐厅经营中引起中毒的因素主要是由于食品加工人员对食物的处理、烹制及保管不当等所致，根据餐厅已发生的食物中毒案例来看，引发食物中毒的主要因素有以下几个方面：

（1）食品冷藏不当，例如食品冷藏的温度不够低。

（2）食品加热处理不当，例如食品加热的时间过短未能有效杀死细菌。

（3）食品保温储存不当，致使细菌过快繁殖。

（4）烹调成熟后的菜品放置过久未加热就直接食用。

（5）已感染病菌的人接触过食品，尤其是已加工的成品。

（6）加工后的食品交叉污染。

（7）食用已污染的生食品（细菌性）或熟食品（化学性）。

（8）容器、器具清洗不洁，残留了很多污垢。

（9）食品原料来源不安全。

（10）直接食用未作处理的剩余食品。

（11）误食有毒的食品。

（12）食用不良发酵的食品。

（13）误食添加剂或不当使用。

**特别提示：**

如果餐饮经理在安全管理中能特别关注上述引发食物中毒的主要因素，抑制病菌（微生物）的生长繁殖，就可将食品安全隐患减少到最低程度，从而达到有效地预防食物中毒事件的发生。

### （二）食物中毒的预防工作

1．预防食物中毒的原则

预防食物中毒有以下三大原则，餐饮经理必须严格遵守。

（1）保持加工过程的清洁。

餐饮经理应要求厨房员工在开始烹饪前，一定要把手部彻底洗干净，加工的器具比如餐具、砧板、抹布等厨房用品应该用水或消毒药水反复清洗，洗干后如果有条件尽量在太阳下暴晒。抹布必须经常用清洁剂清洗，餐具充分洗净后应保持干燥，否则消毒过的餐具再用不洁净的抹布来擦拭，便会功亏一篑。

食品加工人员如果手指有伤口或脓疮，应该套上手套或指套后再从事加工工作，否则脓疮里面的细菌会污染到食品，从而引起食品中毒事件。食品原料应注意保存，以免受到老鼠、蟑螂、苍蝇等病媒的接触而受到污染。

（2）避免食品存放太久。

食品中毒单从病原细菌来看，首要的一点就是细菌繁殖到一定的程度，放置时间越短细菌繁殖数量越少，越可以避免食品中毒。所以，餐厅的食品原料采购回来后，不要放太久，应该尽快烹饪供食，尤其是生食的食品原料越快处理越好，即使是加工好的食品也要赶快处理，因为烹饪后的食品很容易繁殖细菌，所以餐厅应事先做好统计测算工作，每次加工的食品不要太多。

（3）注意食品的加热与冷藏。

细菌通常不耐热，加热到70℃以上，大部分的细菌都会死掉，因此把食品加热以后再食用比较安全，细菌比较耐冷，虽然冷却以后不会死掉，但是不容易繁殖，且温度非常低（−18℃以下）时根本不能繁殖，能够防止细菌繁殖的温度是在5℃以下。

2.预防食物中毒的措施

食物中毒的预防措施主要包括细菌性、化学性、有毒食物三方面。餐饮经理不仅自己要清楚这三方面的内容，更要严格督促部门员工了解清楚，因为他们是直接操作食物的人。在日常工作中，餐饮经理应经常进行抽查。

细菌性食物中毒的预防法有：

（1）严格选择原料，并在低温下运输、储藏。

（2）烹调时通过高温杀灭细菌。

（3）创造卫生环境，防止病菌污染食品。

不同细菌的污染及中毒的方法，如表3−5所示。

随手札记

表3-5 不同细菌的预防措施

| 序号 | 细菌 | 污染 | 预防措施 |
| --- | --- | --- | --- |
| 1 | 沙门氏菌 | 沙门氏菌产生在人和动物的肠道内，病原菌的媒介食品通常是鸡、火鸡、猪肉、牛肉、牛乳和蛋等。受污染的食品引起中毒的原因，是由于冷藏不当，或在厨房工作台上交叉污染，最常发生在餐饮业 | （1）工作人员做定期的健康检查和保持个人卫生，并避免带菌者工作；保持加工场所的清洁，防止鼠类和蝇蚊等昆虫侵入厨房<br>（2）杜绝熟食长时间放置在室温下，应及时冷却保藏<br>（3）对鸡、蛋类的食品加工应防止带菌污染 |
| 2 | 副溶血性弧菌 | 分布于海水中，病原菌的媒介食品是海产品。中毒发生期以6～8月最多 | （1）利用冷冻和冷藏阻止繁殖。10℃时生长缓慢，而在5℃～8℃时可抑制生长<br>（2）加热杀菌彻底。通常在60℃下10分钟即可杀灭<br>（3）盛装海产品的盛器必须洗涤干净，以免间接污染<br>（4）不生食海产品 |
| 3 | 葡萄球菌 | 葡萄球菌本身没有毒害，主要是产生毒素。主要来源是有创伤化脓、鼻炎和咽喉炎的人的分泌物。葡萄球菌耐高温，在100℃的条件下30分钟煮沸不会被破坏 | （1）有感冒、受伤及咽喉炎、鼻炎的工作人员不能参与食品制作<br>（2）食品应及时冷藏，因为在7℃以下葡萄球菌不能繁殖及产生毒素 |
| 4 | 肉毒梭菌 | 肉毒梭菌主要是随泥土或动物粪便污染食品。通常引起中毒的食品有肉类罐头、臭豆腐、腊肉等 | （1）劣质罐头要充分加热后再食用<br>（2）食品应冷藏，因肉毒梭菌在10℃以下很难繁殖<br>（3）在肉制品及鱼制品中加入食盐或硝酸盐有抑菌作用<br>（4）防止受土壤及动物粪便的污染 |
| 5 | 黄曲霉毒素 | 黄曲霉毒素是黄曲霉菌的代谢产物，具有致癌性 | （1）花生、大豆、大米等应储藏于低温干燥处，以免高温潮湿而发霉使食品产生毒素<br>（2）以上几种发霉的食品不能食用 |

### （三）食物中毒的处理

食物中毒发生后，餐饮经理即面临对病人、单位、食品、现场和责任的处理问题，进行各项处理的目的是防止所造成的危害进一步扩大，也是为了预防今后类似食物中毒的发生，食物中毒后的妥善处理是一项技术性很强、政策性也很强的工作，对餐饮经理是一项很重大的考验。对事件的处理包括以下四个方面：

1.人员的处理

餐饮经理要对病人采取紧急处理，并及时报告当地卫生行政部门，具体的处理方法包括：

（1）告知其他人员停止食用有毒食品。

（2）采集病人呕吐、排泄物的标本，以备送检。

（3）帮助对病人的急救治疗，主要包括急救（催吐、洗胃和灌肠）、对症治疗和特殊治疗。

2.有毒食品的处理

有毒食品可能剩余很少，也可能很多，餐饮经理的处理方法应包括：

（1）保护现场，封存有毒食品或疑似有毒食品。

（2）追回已售出的有毒食品或疑似有毒食品，妥善保管、备查。

（3）及时对有毒食品进行无害化处理或销毁。

3.中毒场所的处理

餐饮经理要根据不同的有毒食品，对中毒场所采取相应的消毒措施。处理方法主要包括：

（1）接触过有毒食品的炊具、食具、容器或设备等，应进行煮沸或蒸汽消毒，或用热碱水、0.2%～0.5%漂白粉溶液浸泡擦洗。

（2）对病人的呕吐物场所用20%石灰乳或漂白粉溶液消毒。

（3）中毒环境现场，在必要时进行室内外彻底地卫生清理，以0.5%漂白粉溶液冲刷地面。属于化学性食物中毒，对包装中毒化学物质的容器应销毁或改作非食用用具。

随手札记

4.责任事故处理

食物中毒，尤其是造成重大人员伤亡的食物中毒，要依据《食品安全法》和各有关具体法规，对造成食物中毒的个人或单位，进行相应的处理。餐饮经理在提出处理意见时，要严格依据法规条文并有充分的科学依据。

### （四）食物中毒处理步骤

1.在餐厅发生中毒的处理步骤

（1）客人在餐厅用餐时，突发不明疾病晕倒或出现其他不良症状，离患者最近的服务员应立即上前将其扶到座位上，请人照看，及时向餐饮经理或餐厅主管报告，同时迅速告知酒店管理人员赶到现场。

（2）餐厅员工在第一时间请一位同事陪同送往就近医院（或医务室）进行抢救，紧急情况要拨打120急救电话。

（3）若出现第二例（含二例）以上症状病人，应立即停止该类菜的销售工作，做好现场保护工作，必要时拨打120急救，并通知食品卫生监督部门人员到场，配合调查处理。

（4）保存好出售食品的留样，以备相关部门化验检查。

2.客人投诉本店食品中毒的处理步骤

（1）餐饮经理接到客人投诉中毒事件，应立即向客人了解，就餐时间及消费的品种。

（2）要客人出示医院诊断书，餐饮经理亲自查看诊断书的内容。

（3）同时告知客人餐厅最短时间内的处理办法，并征询客人的意见，如客人提出赔偿要求，须立即告知客人餐厅将会有满意的答复。

（4）餐饮经理立即组织人员对客人消费时间段的相应食品进行检测，同时到医院了解客人的具体病因。

**特别提示：**

若确定造成客人中毒是本店产品时，餐饮经理应会同其他部门与客人商量赔偿办法。

（5）在确定造成客人中毒不是本店产品时，与客人取得联系，并将检测的结果告诉客人，并欢迎客人再次光临。

## 五、餐饮成本控制与管理

餐饮部成本控制与管理应是餐饮经理的一项重要工作，因为它直接与餐饮收入支出有关，餐饮经理应时刻留意，做好各方面的成本控制工作。

### （一）菜品成本控制

菜品成本往往占到餐饮部成本的大部分，因此餐饮经理应对菜品生产前、生产中和生产后三个阶段，即生产全程进行控制，以求最大程度上节省成本。

1.生产前控制

生产前的控制包括采购、验收、储存和发放，具体如表3–6所示。

2.生产中控制

（1）加工。

加工过程包括了食材初加工和细加工，初加工是指食材的初步整理和洗涤，

表3-6　菜肴生产前控制

| 序号 | 类别 | 控制方法 | 备注 |
|---|---|---|---|
| 1 | 采购控制 | （1）餐饮经理应严格编制厨房采购明细单，并要求厨师长或厨房负责人每天晚上根据餐饮部的经营收支、物资储备情况确定物资采购量，并填制采购单报送采购部门<br>（2）严格控制采购数量。在决定采购数量时，餐饮经理既要综合考虑市场的行情，又要考虑储存时的人力和电力等费用<br>（3）严格采购询价报价体系，专门设立物价核查制度，定期对日常消耗的原辅料进行广泛的市场价格咨询 | |
| 2 | 验收控制 | 检验购进食材的质量是否符合厨房生产的要求，数量和报价是否和订货量一致 | |
| 3 | 储存控制 | （1）保证各种食材的质量和数量，尽量减少自然损耗<br>（2）注意掌握各种食材的日常使用和消耗动态，合理控制库存，加速资金周转<br>（3）科学地整理、分类存放各种食材，便于收发盘点 | |
| 4 | 发放控制 | （1）鲜货管理员应该统计出当天的鲜货入厨的品种、数量、金额<br>（2）干货调料在发放时应该严格根据领料单发货<br>（3）规范干货调料的发放时间和次数，避免随便领料，减少浪费 | |

而细加工是指对食材的切制成形，餐饮经理要在这个过程中应对加工净出率和数量加以严格控制。

食材的净出率即食材的利用率。加工数量应以销售预测为依据，满足需要为前提，留有适量的储存周转量，避免加工过量而造成浪费，并根据剩余量不断调整每次的加工量。

（2）烹调。

餐饮经理从烹调厨师的操作规范、制作数量、出菜速度、剩余食品等几个方面加强监控。具体如表3-7所示。

表3-7　烹调过程的控制

| 序号 | 类别 | 具体内容 |
| --- | --- | --- |
| 1 | 操作规范 | 餐饮经理必须要求厨房部主管，如厨师长督导炉灶厨师严格按操作规范工作，任何图方便的违规做法和影响菜肴质量的做法都应立即加以制止 |
| 2 | 制作数量 | 餐饮经理应严格控制每次烹调的生产量，这是保证菜肴质量的基本条件，少量多次的烹制应成为烹调制作的座右铭 |
| 3 | 出菜速度 | 餐饮经理应在开餐时要对出菜的速度、出品菜肴的温度、装量规格保持经常性的督导，阻止一切不合格的菜肴出品 |
| 4 | 剩余食品 | 剩余食品在经营中被看作是一种浪费，及时搭配到其他菜肴中，或制成另一种菜 |

3.生产后控制

生产后的成本控制主要体现在实际成本发生后，餐饮经理将各项成本率和计划成本率进行比较、分析，找出问题，分析原因，及时调整，为下一次制订生产预测和计划提供依据。

（1）将昨日理论成本与鲜货管理员报来的昨日直拨厨房总额和干货管理员报来的昨日厨房领货总额对比，找出差异的原因。发生差异的原因有以下几点：

——昨日领货过多，厨房有大量剩余的食材或半成品；或前天剩余过多，导致昨日领货较少。

——标准配方卡不准确。

——菜肴的分量可能偏离了标准，生产环节可能发生了浪费。

——采购环节或验收环节可能出现了问题。

——是否有些食材的价格最近波动较大。这些价格的波动能导致哪些菜肴的成本发生变化，这些菜肴每天销售了多少，能造成多大的影响，是否建议相关部门作售价调整。

——销售排行前几名的单项菜肴的毛利率是否偏高，最不受欢迎的菜肴有什么问题，为什么不受欢迎，是厨师的因素还是市场的因素，是否需要调整。

（2）不考虑厨房库存因素，餐饮经理应安排厨房主管每半月对菜肴的成本进行一次分类汇总，并参加成本分析会，通报半月以来的菜肴成本控制情况。

（3）餐饮经理应每月底对厨房食材进行盘点，并考虑退货情况，做月底成本综合分析。

## （二）人工成本控制

1.员工工资管理

工资是指员工每月领取的基本工资，不包括补贴、分红，是酒店付给员工预先确定数额的主要劳动报酬，在确定员工工资时一定要适度，过低不利于稳定员工队伍，过高则会增加酒店经营成本。

（1）制定原则。

员工工资与员工岗位的职责挂钩，尤其是负有管理和经营责任的管理岗位，包括楼面主管、主厨和领班，他们的薪酬要根据其实际水平和业绩增减。在对员工工资进行管理时，餐饮经理应坚持以下几条：

——无论是否有相应的工作经历，都必须经过招聘考核和试用期的考察。

——在思想、技术、作风和纪律等方面都符合餐饮部提出的要求后，才能按照餐饮部规定的岗位基本工资标准领取工资。

——为了稳定员工队伍，吸引工作表现好、经验丰富的员工长期为酒店工作，应按年逐步增加其基本工资。

（2）确定程序。

对于餐饮部员工工资的确定程序，主要包括以下几步：

——试用期工资。一般为所在岗位基本工资的60%～80%，且没有奖金或其他福利。

——岗位基本工资。根据餐饮部效益及其他奖金福利。

——岗位基本工资应按在餐饮部的工作年限增加的工资额及相应福利。

比如，所在餐饮部的服务员岗位基本工资为月薪1500元，则试用期工资为月薪1300元，试用期满后每工作满一年，月薪增加200元，最高至1800～2000元。其他岗位可参照这一方法相应制定。

2.减低薪资成本

餐饮经理要控制人事费用，就需要控制员工人数，从而控制总费用。但是，不能一味地裁员，也可以采取其他相关方法来达到此目的。

（1）用机器代替人力。例如以自动洗碗机代替人工洗碗。

（2）重新安排餐饮部内外场的设施和动线流程，以减少时间的浪费。

（3）改进分配的结构，使其更符合实际需要。

（4）加强团队合作精神培训，以提高工作效率。

（5）尽可能一人兼几职或多用钟点

随手札记

工，如吧台主管、迎宾主管兼办公室文员；水台、粗加工兼洗碗工等。

### （三）经常性支出费用控制

1.控制水费

餐饮部用水属于经营服务用水，虽然水费在整个经营的成本中所占的比例并不高，但是如果所有员工都能意识到节约用水的重要性，节约用水，也可以节省一定的水费。需要牢记的一点是节约用水，不能以降低卫生水平为代价。

餐饮经理可以采用各种方式，从管理者至基层员工，全员动员对用水进行控制。例如可以采取以下方式来减少用水量、用电量。如表3-8、表3-9所示

表3-8 用水量控制方法

| 序号 | 控制方式 | 内容 |
|---|---|---|
| 1 | 节水与奖金挂钩 | 每个水龙头都安排节水责任人，一旦发现用完不关现象，责任人扣发30%～50%的奖金。此外，水龙头不能出现“长流水” |
| 2 | 改变洗菜方式 | 将各种菜统一放到洗菜池里冲洗，将靠水流洗菜的方式改为接满一池水之后由工人用手清洗，洗菜的水统一用来拖厨房的地 |
| 3 | 桌布、锅、碗少冲洗 | 在不影响正常清洁和烹调的前提下，尽量减少用水量，炒菜师傅烹调洗锅时要节约用水。桌布、锅、碗少冲洗，餐饮部就减少了桌布、锅碗的清洗次数 |
| 4 | 设备更新 | 将旋钮式水龙头改为下压式或者感应式，节省洗手期间造成的水资源浪费。将湿拖布换成容易清洗的海绵拖把 |

表3-9 用电量控制方法

| 序号 | 设备 | 内容 |
|---|---|---|
| 1 | 空调 | （1）对空调盘管定期清洗、冷冻机组定期进行除垢，增强传热效率<br>（2）定期对水泵电机轴承注油，减少无功浪费<br>（3）在过渡季节，充分利用新风，达到节能作用<br>（4）开窗时不得使用空调，根据实际温度开关空调 |
| 2 | 电器 | （1）各后勤岗点下班时随手关灯、关计算机<br>（2）通过安装声控、红外线等方式控制走道灯<br>（3）餐饮包厢备餐时开启工作灯，开餐后开启主灯光<br>（4）使用节能灯，将非对客区域的射灯全部更换为节能灯 |

3.燃气费用控制

大多数餐厅都是以天然气为燃料来加工食品的。因此，燃料费是一个经常性支出的费用。

一般天然气使用主要是在厨房，使用者是厨师。因此餐饮部经理要对厨师用气进行控制，节约用气。尽可能充分利用热量，减少热量损失，缩短用火时间，可以

（续表）

| 序号 | 设备 | 内容 |
|---|---|---|
| 3 | 照明 | 照明设施的选择，可采用荧光灯、卤钨灯、LED灯等节能灯具，有条件的还可采取声光控灯具或其他节能的灯具设施<br>（1）使用节能型的照明设备<br>（2）将餐饮部各区域的照明、广告灯箱等的开关纳入到定人、定岗、定时、定责任的管理范围内，并根据自然环境的实际制定了严格的开闭时间规定，餐饮部根据重点部分，规划出监测点位，进行重点控制<br>（3）员工区域及公共区域的灯光照明可改为声控照明或声光控照明，最大程度地节约用电； 同时对一些区域在不影响工作的情况下，只保证其照度，减少光源，实现节电 |

让厨师采用以下几种方法来节约用气：

（1）合理调整燃具开关的大小。在烧水时火焰应尽可能开大，以火焰不蔓出锅壶底部为宜。在煮饭或烧菜时在水开以后应将火调小并盖上锅盖。

（2）防止火焰空烧。炒菜前要先做好准备工作，以防点燃火以后手忙脚乱。水烧开以后应将火关灭以后再提开水壶，防止提去水壶忘记关火。不要先点燃火以后才去接水放锅。

（3）调整好火焰，发现火焰是黄色或冒烟应及时处理，因此时炉灶的热效率较低。可调整风门，清理炉盘火头上的杂物、检查软管或开关是否正常，检查锅底的位置是否合适，不要使它压在火焰的内锥上。应设法避免穿堂风直吹火焰。

### （四）餐具损耗控制

为规范餐具的日常使用，餐饮经理应进行表格化的量化控制与管理，减少餐具破损与无故流失，控制破损数量，最大化减少各种餐具破损所产生的费用。

随手札记

1.餐具运送及清洗

（1）在收餐和运送时，需按配置的专业盛器进行盛放和运送，玻璃器皿与瓷器等需按类别及大小进行分开放置，严禁混放现象。

（2）在托盘中摆放时，大的、重的放在里面，小的、轻的放在外面，严禁不合理的堆积，以免发生滑落、摔掉现象。

（3）同类餐具尺寸大的放在下面，尺寸小的放在上面。

2.餐具破损责任制

餐饮经理应建立餐具破损责任制，对损坏餐具行为进行处罚。

（1）洗碗间员工。

洗碗间员工在洗刷餐具之前应先检查楼面撤回的餐具是否有破损，及时查找楼面当事人，并做好书面记录，由责任人、责任人领班及楼面主管签字确认，月末由洗碗间负责人交餐饮经理进行统计扣罚。餐饮经理签字后需将破损餐具挑出，当天交财务部存放，对于不影响当前使用的，需特别存放在财务部备急使用，同时避免再次使用时将破损餐具重复统计。

如有送餐、出借餐具等情况时，需准确填写“送餐餐具登记表”，一式两联，双方核定并签字确认。餐具回收时，回收人需认真核对登记记录，如有餐具短缺等情况时，需在第一时间向餐饮经理或当值管理人员汇报，并签字确认。

（2）楼面员工。

楼面员工在将刷洗干净的餐具取回厅房前，需对餐具进行检查，如果发现有破损餐具，立即挑出，由洗碗间员工负责破损餐具的赔偿；若餐具已经离开洗碗间回到厅房，发现有破损，则由厅房负责人对破损餐具进行赔偿，流程同上，需加强楼面员工与洗碗间员工对餐具交接的责任心。

（3）厨房各档口人员。

厨房各档口人员到洗碗间取餐具时，需检查餐具是否破损，并及时查找洗碗间当事人，并做好书面记录，由责任人及厨师长签字确认，月末由各档口负责人交财务部进行统计扣罚。双方人员签字后需将破损餐具挑出，当天交财务部存放，对于不影响当前使用的，需特别存放在财务部备急使用，同时避免再次使用时将破损餐具重复统计。

（4）服务员。

服务员在传菜和服务时必须检查所取餐具是否有破损，如有破损送回厨房，厨师长落实相关档口责任人，由责任人和厨师长、餐饮经理签字确认，当天交财务部存放，其他程序同上。

**特别提示：**

餐饮经理应要求所有员工在各工作环节进行日常监督，如因监管检查不严而使该餐具流入到本岗位，餐饮经理在不能确认上一环节责任人的前提下，视为自身责任。各环节发现者如发现具体责任人，需按以上程序填写相应单据确认统计，避免责任转移。

## 六、员工每月绩效考核

餐饮经理在每月月底要对员工本月工

作表现进行考核，其内容包括两个方面：一是基层员工考核，如餐厅传菜员、洗碗工等；二是管理人员如餐厅、吧台主管等。考核要求和内容应具有针对性。

### （一）基层员工绩效考核

基层员工是餐饮部的主要人员，负责餐饮部的一切具体事务。因为他们与客人直接接触，所以他们的表现直接影响着客人的满意度和酒店的声誉及收益，因此，餐饮经理应重视对他们的每月绩效考核。表3－10是某酒店餐饮基层员工每月绩效考核，仅供参考。

表3-10 基层员工绩效考核表

| 考核项目 | 参考内容 | 分数 |
| --- | --- | --- |
| 考勤情况 | 员工保持良好的考勤记录，本月内无迟到或缺勤 | 15分 |
| | 员工保持良好的考勤记录，本月内少于3次的迟到（早退）记录 | 10分 |
| | 员工保持一般的考勤记录，本月内有迟到（早退）和缺勤记录 | 6分 |
| | 员工考勤记录很差，在本月内有迟到记录，并有2天以上（不含2天）的缺勤记录 | 3分 |
| 仪容仪表 | 员工在本月内仪容仪表完全符合酒店标准，无不合格记录 | 15分 |
| | 员工在本月仪容仪表检查中发现1次不合格者 | 10分 |
| | 员工在本月仪容仪表检查中发现2次不合格者 | 6分 |
| | 员工在本月仪容仪表检查中发现3次不合格者 | 3分 |
| 卫生标准 | 每月岗位巡检表不合格项少于10项者 | 20分 |
| | 每月岗位巡检表不合格项大于10项小于15项者 | 15分 |

（续表）

| 考核项目 | 参考内容 | 分数 |
|---|---|---|
| 卫生标准 | 每月岗位巡检表不合格项大于15项小于20项者 | 10分 |
| | 每月岗位巡检表不合格项大于20项者 | 0分 |
| 专业知识与业务技能 | 每月考试成绩在90分以上者 | 15分 |
| | 每月考试成绩在90分以下85分以上者 | 10分 |
| | 每月考试成绩在85分以下80分以上者 | 6分 |
| | 每月考试成绩在80分以下75分以上者 | 3分 |
| 工作态度与礼貌礼节 | 非常注重礼貌待人接物（主动向客人、同事问好，坐姿、走姿、站姿符合酒店标准），经常保持良好的精神面貌，能积极完成各项工作 | 15分 |
| | 基本能做到彬彬有礼，能保持良好的精神面貌，能积极完成各项工作 | 10分 |
| | 只对某些人注重礼貌，工作积极性也一般 | 6分 |
| | 基本礼节礼貌做不到，且工作态度不积极 | 3分 |
| 服从领导与团队协作 | 听从领导安排，能经常提出好的建议，且能积极配合其他部门、同事完成工作 | 20分 |
| | 听从领导安排，能积极配合同事完成工作，但只限于本部门内 | 15分 |
| | 有时不服从领导安排，且对于部门间协作、同事间协作很少予以配合 | 10分 |
| | 有时不服从领导安排，基本只完成本职工作，对于部门间协作、同事间协作不予以配合 | 0分 |

总评分：95分以上为五星级；95分以下90分以上四星级；90分以下85分以上为三星级；85分以下80分以上为二星级；80分以下75分以上为一星级；75分以下取消晋级资格。

### （二）管理人员绩效考核

管理人员如各部门主管，是餐饮部的中坚力量，既要配合餐饮经理做好工作安排，又要领导基层员工做好实际工作，对他们的考核就要非常仔细，如表3-11所示。

## 七、每月工作总结

编写月度工作总结是餐饮经理每月必做的一项工作。它对餐饮经理全盘了解餐饮部本月情况和安排下月工作计划有着非常重要的意义。

### （一）总结方法

1.查看每日、每周总结报告

在前面两章中详细写到，餐饮经理要做每日和每周工作总结，以便于在每日早会和周例会上做报告。在编写月工作总结时，餐饮经理也可调用每日总结和每周总结。

表3-11　管理人员绩效考核表

| 考核项目 | 参考内容 | 分数 |
| --- | --- | --- |
| 考勤情况 | 保持良好的考勤记录，本月内无迟到（早退）或缺勤 | 10分 |
| | 保持良好的考勤记录，本月内少于3次的迟到（早退）记录 | 8分 |
| | 保持一般的考勤记录，本月内有迟到（早退）和缺勤记录 | 5分 |
| | 考勤记录很差，在本月内有迟到记录，并有2天以上（不含2天）的缺勤记录 | 2分 |
| 仪容仪表 | 在本月内仪容仪表完全符合酒店标准，无不合格记录 | 15分 |
| | 在本月仪容仪表检查中发现1次不合格者 | 10分 |
| | 在本月仪容仪表检查中发现2次不合格者 | 6分 |
| | 在本月仪容仪表检查中发现3次不合格者 | 3分 |
| 卫生标准 | 每月岗位巡检表上有不合格项少于10项者 | 15分 |
| | 每月岗位巡检表上有不合格项大于10项小于15项者 | 10分 |
| | 每月岗位巡检表上有不合格项大于15项小于20项者 | 6分 |
| | 每月岗位巡检表上有不合格项大于20项者 | 3分 |
| 专业知识与业务技能 | 每月考试成绩在95分以上者 | 10分 |
| | 每月考试成绩在95分以下90分以上者 | 8分 |
| | 每月考试成绩在90分以下85分以上者 | 5分 |
| | 每月考试成绩在85分以下80分以上者 | 2分 |

（续表）

| 考核项目 | 参考内容 | 分数 |
|---|---|---|
| 工作态度与礼貌礼节 | 非常注重礼貌待人接物（主动向客人、同事问好！坐姿、走姿、站姿符合酒店标准），经常保持良好的精神面貌，能积极完成各项工作 | 15分 |
| | 基本能做到彬彬有礼，能保持良好的精神面貌，能积极完成各项工作 | 10分 |
| | 只对某些人注重礼貌，工作积极性也一般 | 6分 |
| | 基本礼节礼貌做不到，且工作态度不积极 | 0分 |
| 服从领导与团队协作 | 听从领导安排，能经常提出好的建议，且能积极配合其他部门、同事完成工作 | 20分 |
| | 听从领导安排，能积极配合同事完成工作，但只限于本部门内 | 15分 |
| | 有时不服从领导安排，且对于部门间协作、同事间协作很少予以配合 | 10分 |
| | 有时不服从领导安排，基本只完成本职工作，对于部门间协作、同事间协作不予以配合 | 3分 |

总评分：95分以上为五星级；95分以下90分以上四星级；90分以下85分以上为三星级；85分以下80分以上为二星级；80分以下75分以上为一星级；75分以下取消晋级资格。

2.查看各项营业报表

餐饮部每天都会产生大量报表，如原料申购表、菜品销售表等。餐饮经理要善于从这些报表里面发掘有用信息，以作出更精确、更完善的总结报告。

### （二）总结内容

餐饮经理总结时要注意联系到餐饮部工作的各个方面，如卫生、纪律、服务、销售等，要总结出工作中的问题所在，提出改进方法。下面是某酒店餐饮经理的月工作总结，仅供参考。

**【范例19】**

**××酒店餐饮部1月份工作总结**

报送：总经理

发出：餐饮部

日期：××××年1月27日星期一

纲要：餐饮部1月份工作总结

---

内　容

一、经营状况

截至本月1～25日，餐饮部共完成销售额281万元。

截至本月30日，婚宴20档，共计342桌，金额47800元；生日宴6档，42桌，金额61440元；会议35档，共计214桌，与去年同期都有不同程度的增加。

二、厨房方面

1.餐厅菜肴翻新了20多个品种，主要目的在于提升人气，推广新菜肴。推出外卖服务。其种类有三种，分别为：218元/套；388元/套；588元/套，目的在于提高本酒店在社会上，特别是在周边环境内的影响力。

2.鱼翅、鲍鱼在实际操作中，安排专人按照规范进行操作，保证了质量。原来的米饭放置在保暖筒内，但使用下来热度不够，现在请采购部制作了保暖被套，效果较好。

3.针对厨师对新推出菜肴有不熟悉的现象，统一标准，进行培训。

4.制订了一年的系统培训计划，各班组根据分管管理者年度培训计划，制订班组每月培训计划并将每次培训情况以书面形式上报部门。同时按计划进行培训并做好培训记录，并在培训后由员工签名认可。

5.各班组做好了元旦期间菜肴推广、人员安排、节日安全。

6.制定春节期间工作安排。

三、餐厅方面

1.制定餐厅工作方式的表格化、程序化，如：借用物品表格、迟到登记表、班前会记录签收表格等。

2.规定班前会内容，每个班将前一天需注意的事情记录下来，在第二天班前会上让员工了解并签名认可，会后对内容进行整理并规范存档工作。

3.三个餐厅配合默契，在运作期间相互协调，对人力资源合理利用，提高宴会接待品质及菜肴品位，并做好大型、重要宴请的人员调配工作。

4.对所有包房重新进行设计布置，并拍成照片，规范服务员在布置上的操作。

四、综合管理及协调方面

1.做好部门人力资源编制流动情况及结构图。

2.召开采购成本控制、品质、营销及餐饮会议，总结上月工作，分析本月工作，制订2月的营销计划。

### （三）总结分析

餐饮经理要认真分析本月中还有哪些工作完成得不够好，其原因在哪儿，如何改进。同时还要与月初制订的工作计划进行对比，看看哪些工作没有按时完成，接下来又该如何继续完成。

随手札记

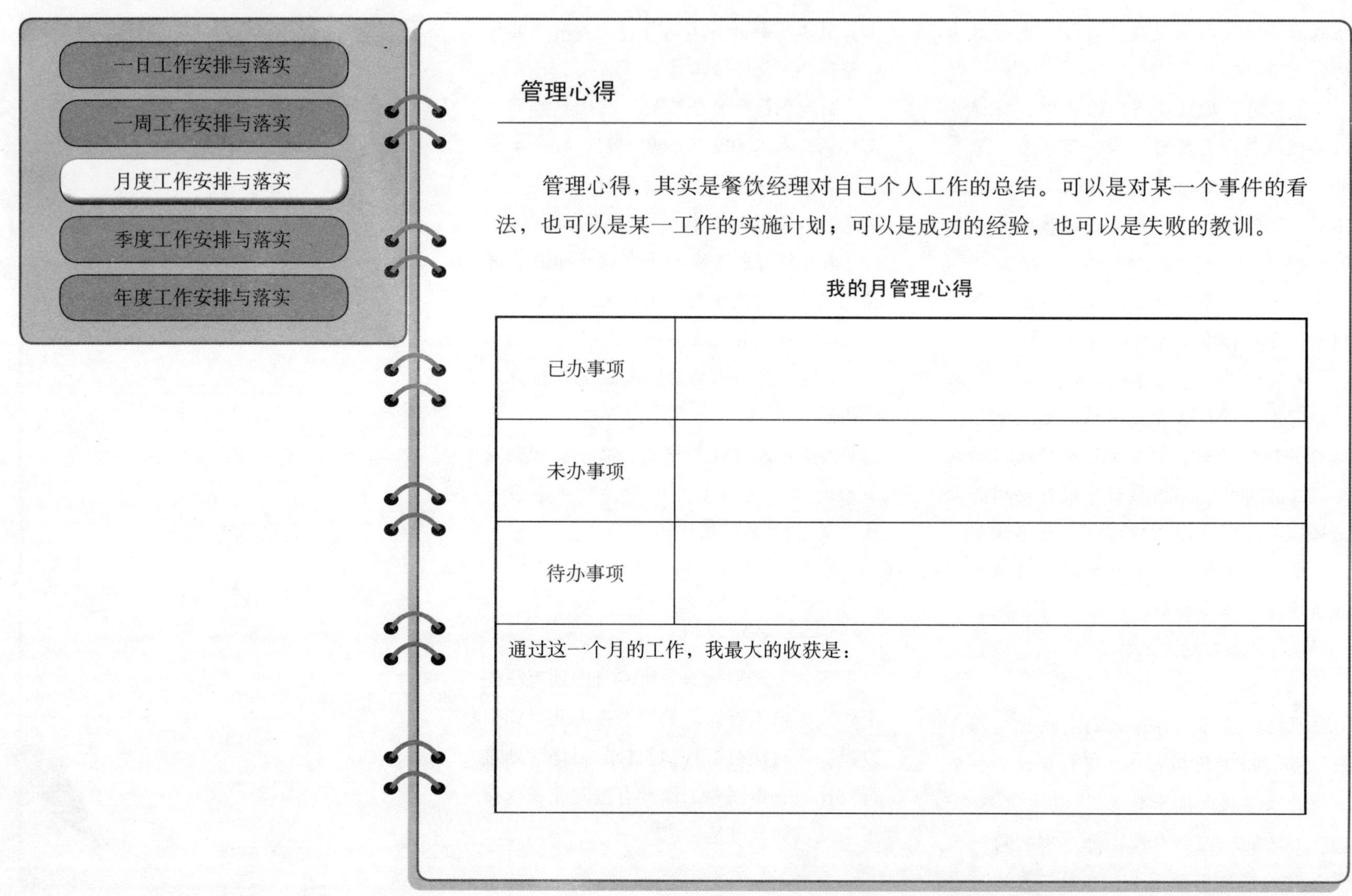


## 管理心得

管理心得，其实是餐饮经理对自己个人工作的总结。可以是对某一个事件的看法，也可以是某一工作的实施计划；可以是成功的经验，也可以是失败的教训。

**我的月管理心得**

| 已办事项 | |
|---|---|
| 未办事项 | |
| 待办事项 | |
| 通过这一个月的工作，我最大的收获是： | |

# 第四章

# 季度工作安排与落实

季度工作的安排，属于宏观性的，要对一个季度的重点事项做到心中有数。才能按照季度安排做好每月、每周甚至每一天的工作。

作为餐饮经理，每一季度重点工作都需要有所侧重。但是总的来说，每一季度的工作中又有重复的事情。要想让自己更加从容应对，你可以将自己每一季度工作都做好安排。

## 一、制订餐饮部季度目标计划

### （一）季度重点工作指引

餐饮经理可以制定一个季度重点工作指引，将每个季度重点工作大致分列出来。然后再对每一个季度工作进行具体安排，表4-1是某酒店餐饮经理的季度工作重点指引。

### （二）季度工作计划

餐饮经理确定了每一个季度的重点工作之后，就要制订每个季度的工作计划，见表4-2。

当然，季度工作计划形式多种多样，餐饮经理可以根据自己需要来选择合适的形式。

表4-1　季度重点工作表

| 季度 | 重点工作 | 备注 |
| --- | --- | --- |
| 一 | 1.餐饮部设备管理，提出更新改造方案<br>2.制订员工激励方案<br>3.配合人力资源部招聘新员工<br>…… | |
| 二 | 1.重新设立餐饮部服务项目<br>2.建立对客服务质量标准<br>3.组织实习生培训管理<br>…… | |
| 三 | 1.建立部门突发事件应急处理预案<br>2.组织年度餐饮部服务员操作技能大赛<br>3.制订十一黄金周餐饮部接待计划<br>…… | |
| 四 | 1.全力组织部门人员十一客人接待<br>2.年度客人投诉处理情况分析<br>3.餐饮部门年终总结及下年度安排<br>…… | |

## 二、餐饮部新员工招聘

招聘餐饮部人员是在人力资源部的协助下进行的，但决定招聘的权力还是取决于直接部门主管——餐饮经理。

### （一）向人力资源部申请增员

当有员工离职、请假，或旅游旺季如十一黄金周到来时，餐饮部的人力明显不足，餐饮经理要按酒店规定的程序填写增员申请表（见表4-3），呈交给人力资源部。由人力资源部安排员工招聘。在填写增员申请表时，尤其要关注所需人员的素质。

表4-2　我的季度工作计划

| 序号 | 工作内容 | 阶段目标 | 目标达成时间 | | | 责任人 |
|---|---|---|---|---|---|---|
| | | | 一月 | 二月 | 三月 | |
| | | | | | | |
| | | | | | | |
| | | | | | | |
| | | | | | | |
| | | | | | | |
| | | | | | | |

表4-3　部门增员申请表

| 职位基本资料 | | | |
|---|---|---|---|
| 需求职位 | | 所属部门/工作地点 | |
| 需求性质 | □ 增编　□ 补缺 | 需求人数 | |
| 拟到职日期 | | 直接汇报职位 | |
| 岗位试用薪酬 | | 岗位转正薪酬 | |
| 工作职责： | | | |

随手札记

（续表）

| 任职资格要求 | | | | | | | |
|---|---|---|---|---|---|---|---|
| 性别 | □男 □女 | 年龄 | | 户口 | | 学历 | |
| 教育背景 | | 专业技能 | | | | | |
| 工作经验 | | | | | | | |
| 其他要求 | | | | | | | |
| 初试人员<br>复试人员 | 本部门 | | 人力资源部 | | | | |
| 申请人签名： | 部门总监签名： | 人力资源部签名： | 总经理签名： | | | | |
| 人力资源部填写 | | | | | | | |
| 职位 | | 职级 | | | | | |
| 试用薪金 | | 转正薪金 | | | | | |

## （二）面试员工

招聘人员经过人力资源部的初步筛选后，餐饮经理要主导面试工作，作出最后聘用与否的决定。

1.面试方法

一般来说，为了准确甄选合适员工，餐饮经理可以采用测验和资历审查两种面试方法。

（1）测验。

面试测验方法，如表4－4所示。

（2）资历审查。

对某些高级及专业人员如部门主管应聘者，餐饮经理可采用资历审查面试方式。资历审查须对所拟补充人员的资格条件事先作出明确的规定，以便建立工作绩效衡量准则。这些条件有：

——对客人、对同事、对上级的态度。

——处理部门日常事务、应对突发事件的能力。

——所学专业知识、毕业的院校是否与本酒店企业文化相适应。

表4-4　测验方法

| 序号 | 名称 | 内容 |
|---|---|---|
| 1 | 专业测验 | 目的在于测试应聘人员在某项专业技能上已有的成就。例如，酒店所需人员为一财务部的出纳人员，则可以用简单的会计学知识及计算机操作知识来测试该应聘人员的专业能力 |
| 2 | 性向测验 | 多经由专家设计，以某些特定问题或特定方法来测验应聘人员是否具有某项特质。性向测验一般有智力、语文性向、数学性向、空间性向、图形知觉、文字能力、动作协调能力、动作速度、手指灵巧度、手臂灵活度等项目 |

——个人目标是否能与酒店的整体目标相配合。

2.面试内容

面试是整个招聘工作中的核心部分，是供需双方通过正式的交谈，使餐饮经理能够客观地了解应聘者的语言表达能力、反应能力、个人修养、逻辑思维能力、业务知识水平、工作经验等综合情况，使应聘者能够更全面了解酒店信息和自己在酒店的发展前景。那么，如何提高面试的效率，通过面试准确地判断适合酒店的人才，并吸引这些人才加入，是餐饮经理必须掌握的。

（1）初试。

初试主要是对应聘员工进行初步评估，餐饮经理可以通过初试检验出该员工是否符合酒店的价值观等基本信息，具体内容可填入初试评估表中，如表4-5所示。

（2）复试。

如果餐饮经理和人力资源部认为该员工初步符合部门需求，可以安排复试，对该员工的工作水平进行详细的测试。

随手札记

表4-5　面试评估表（初试）

应聘者：　　面试人员：　　应聘职位：　　时间：

<table>
<tr><td colspan="2">综合评价（如：沟通能力、学习能力、创造性、持久性等）</td><td colspan="2"></td></tr>
<tr><td colspan="2">受教育情况（学历、专业）</td><td colspan="2"></td></tr>
<tr><td colspan="2">工作经验（专业背景及专长）</td><td colspan="2"></td></tr>
<tr><td colspan="2">服务至上理念</td><td colspan="2">□差　□1　□2　□3　□4　□5　□优</td></tr>
<tr><td colspan="2">团队协作精神</td><td colspan="2">□差　□1　□2　□3　□4　□5　□优</td></tr>
<tr><td colspan="2">沟通及语言表达能力</td><td colspan="2">□差　□1　□2　□3　□4　□5　□优</td></tr>
<tr><td colspan="2">诚实、开放、激情</td><td colspan="2">□差　□1　□2　□3　□4　□5　□优</td></tr>
<tr><td colspan="2">分析和解决问题的能力</td><td colspan="2">□差　□1　□2　□3　□4　□5　□优</td></tr>
<tr><td colspan="2">结果导向</td><td colspan="2">□差　□1　□2　□3　□4　□5　□优</td></tr>
<tr><td colspan="2">对行业的兴趣</td><td colspan="2">□差　□1　□2　□3　□4　□5　□优</td></tr>
<tr><td colspan="2">对工作的兴趣</td><td colspan="2">□差　□1　□2　□3　□4　□5　□优</td></tr>
<tr><td>外语水平</td><td></td><td>计算机水平</td><td></td></tr>
<tr><td>过去雇佣的稳定性</td><td colspan="3">□非常稳定　□比较稳定　□经常变动</td></tr>
<tr><td>个性气质类型</td><td colspan="3">□外向　□偏外向　□中性　□偏内向　□内向</td></tr>
<tr><td>应聘的动机</td><td colspan="3">□应届毕业　□寻求发展　□提高收入　□人际关系　□其他，需说明</td></tr>
<tr><td>常识考试成绩</td><td colspan="3"></td></tr>
<tr><td>优　　势</td><td colspan="3"></td></tr>
<tr><td>不　　足</td><td colspan="3"></td></tr>
<tr><td>目前待遇（工资、职位）</td><td></td><td>期望待遇（工资、职位）</td><td></td></tr>
<tr><td>可到岗时间</td><td colspan="3"></td></tr>
<tr><td>决　　定</td><td colspan="3">（进一步面试）　　（不录用）　　（存档）</td></tr>
</table>

面试人签字及日期：

【范例20】

## 餐饮部主管常见面试问题

1.请描述本岗位的工作职责？

2.如何搞好餐饮服务质量？

3.怎样加强餐饮成本控制？

4.请描述一下你自己的个性？

5.你觉得自己最大的优缺点各是什么？

6.你通常从事什么样的休闲活动？

7.请谈谈在工作时曾经令你感到最沮丧的一次经历？

8.请谈谈你对加班的看法？

9.你如何克服工作的低潮期？

10.你觉得什么样的人最难相处？

11.你想通过哪些方式得到晋升机会？

12.你在同一家公司工作了那么长时间，难道你不觉得若要再去重新适应新的企业文化，可能会产生严重的水土不服现象吗？

13.你在某公司时，曾经有机会在制度和组织层面进行调整和改变吗？

14.你觉得要获得职业上的成功，需要具备什么样的特质和能力？

15.你对于“创业”有什么样的看法？

16.你认为“成功”的定义是什么？

17.请叙述你个人的管理风格？

18.你觉得自己具备什么样的资格来胜任这项工作？

19.请问如何兼顾事业与家庭？

20.如果你有机会重新选择，你会选择何种工作领域？

【范例21】

### 餐厅服务员常见面试问题

1.你在学校时曾参加过哪些课外活动？

2.求学时，你曾利用过课余时间打过工吗？

3.你在学校时，曾担任过什么职务？

4.你觉得自己还有哪些方面的特长没有写在履历表上？

5.你觉得你在时间安排方面的能力如何？

6.你觉得自己最大的优缺点各是什么？

7.你通常从事什么样的休闲活动？

8.请描述一下你自己的个性？

9.你找工作时最在乎的是什么？请谈一下你理想中的工作？

10.你认为对餐饮服务员来说，有礼貌的服务和敏捷的服务哪个更重要？

11.请阐述本岗位的工作流程？

12.你觉得什么样的人最难相处？

13.公司什么样的管理风格是你所欣赏的？

14.你比较喜欢团队合作的工作方式，还是独立作业？

15.在工作中，你与同事之间发生问题时，你会怎么做？

16.对于领导的批评，你通常会有什么样的反应？

17.在工作中，如果明知“这样做不对”，你还会按主管的指示去做吗？

18.请谈谈在工作时曾经令你感到最沮丧的一次经历？

19.你与同事之间的相处曾有不愉快的经历吗？

20.假如你有一个常客总是抱怨某种菜品不合口味，你怎样对他解释？

21.你如何克服工作的低潮期？

22.你可以接受工作外调的安排吗？

23.请谈谈你对加班的看法。

24.你想通过哪些方式得到晋升机会？

25.你觉得要获得职业上的成功，需要具备什么样的特质和能力？

26.你期望的待遇是多少？

27.你会考虑接受低于期望的待遇吗？

28.你对于我们酒店了解多少？

### （三）员工录用

一旦该人员通过复试，餐饮经理应通知人力资源部向其发送录用通知书，以便安排新员工入职培训工作。

## 三、新员工入职培训

酒店人力资源部会对新员工进行总体培训，如介绍酒店的各项规章制度等。当员工分配到餐饮部之后，餐饮经理要从餐饮部门的角度出发，对新员工进行部门级专业培训，这是以部门相关工作为主。

新员工入职培训是餐饮经理的一项重要工作，缺乏培训可能会导致他们在工作中出现失误，工作效率低下等情况，这就降低了客人满意度，从而降低整个酒店的收入。对新员工培训以及监督员工操作可以使本部门长期保证最高工作水准，并且可以与新员工建立良好的工作关系。

### （一）新员工培训要点

新员工培训要点如图4-1所示：

图4-1　新员工培训要点

1.分配工作岗位

餐饮经理在分配新员工工作岗位时，不一定要将其分配到人手不足的部门。重要的是，该工作岗位上一定要有优秀的指导员。可能的话，就算是工作性质不同，也应该让新员工到有优秀指导员的工作岗位上去接受一年或半年的培训。

2.新员工上班前，对老员工的教育

餐饮经理要教授新员工工作流程、规则及工作方法，首先要做的就是要求老员工按照标准程序来做。因此，在新员工上班的前一个月，就应该先施行老员工的教育，教育内容可由老员工自行讨论，将自己计划教授新员工的项目一一提出，但是在新员工上班之前自己必须先达到所拟订的教育内容。

3.制订完备的、科学的培训计划

工作计划越详细越好。当然，首先要将工作上的知识、技术和各个工作岗位固有的传统精神等内容，详细地列出来。计划中比较困难的可能就是态度培训。态度培训中最重要的一项是设定具体而可以付诸行动的目标，而不是抽象的口号。

**特别提示：**

餐饮经理如果能以积极和协助的态度，并亲自去教导新员工的话，就很容易成功。

4.在工作中培训

培训新员工的重点应该放在工作中。例如，若要培训新员工的团队精神，可以以两三名员工一组，并给他们时间限制，要求他们在规定时间内完成某件事。如此培训不但可以使他们体会到团队精神的重要性，也可以让他们彼此之间建立起良好的人际关系。

5.帮助新员工建立人际关系

新员工一般会很担心自己是否能建立良好的人际关系，多数的人际关系是借着工作建立的，下面是一些更实用、更有效帮助新员工建立人际关系的方法：

（1）工作中的闲谈。餐饮经理偶尔也要和新同事谈些轻松的话题，在一种放松的气氛中帮助新员工建立良好的人际关系。

（2）离开工作岗位后的休息。餐饮经理可以利用中午休息时间聚谈，搞些文体活动等，更容易让新员工同老员工搞好关系。

### （二）制订培训方案

餐饮经理也可以制订合适的培训方案，帮助员工更快地投入到工作中去，以下提供一范例，供参考。

**【范例22】**

**××酒店餐饮部新员工培训方案**

至：总经理

自：餐饮部

事由：餐饮部新员工培训方案

日期：××××年××月××日

酒店自开业以来，随着社会的进步、经济的发展，使酒店经营环境竞争更加激烈，经营成本及费用继续增加，人员招聘面临较大压力，员工队伍向心力尚未形

**随手札记**

成。根据酒店经营方针及指导思想，对餐饮部新员工培训作如下安排：

一、培训方针

1.专业：加强专业化学习，加强同行交流与对外学习，开阔视野与思路。

2.实用：根据酒店实际情况开展培训，以解决工作中问题和酒店发展为目的。

3.高效：日常性工作条理化，加强时间管理，提高工作效率。

4.创新：在企业文化建设、学习氛围营造、课程开发等方面不断创新。

5.分享：营造互动学习型组织，相互学习，相互分享，相互提高。

二、培训规划

每周每天开展2.5小时的新员工培训，五周时间将全部培训到位。新员工上岗前，先进行一对一的规章制度及礼貌礼节的专项培训。

三、培训内容

1.餐饮服务礼仪、仪容仪表、手势与站姿、礼貌用语。

2.各岗位服务人员的岗位职责。

3.酒水知识、餐前准备工作、迎宾工作规范、餐中服务、开餐流程、如何处理客人投诉、点单服务流程。

4.托盘服务规范、上菜程序、斟酒程序、传菜程序、巡台程序、结账程序、收台程序、餐中服务技巧。

5.婚宴餐前准备工作、婚宴服务流程、婚宴细节服务。

6.各岗位运营的工作衔接程序。

7.仪容仪表实际操作、礼貌用语练习。

8.点菜、上菜、分菜、托盘程序、斟酒的实际操作。

9.服务技巧、巡台工作要点和实际操作。

10.婚宴接待程序、模拟操作服务流程、练习开单。

11.自我介绍。

12.菜品的营养搭配、点菜技巧。

××酒店餐饮部

××××年××月××日

| 周期 | 时　间 | 培训内容 | 目　的 | 授课老师 |
|---|---|---|---|---|
| 第一周 |  | 军训 | 加强纪律 |  |
| 第二周 | 13:30～16:00 | 仪容仪表、店规店纪 | 了解酒店历史 |  |
| 第二周 | 13:30～16:00 | 酒店概况、酒店信息咨询 | 了解酒店常识 |  |
| 第三、第四周 | 13:30～16:00 | 服务技能实操培训 | 了解运用 |  |

### （二）新员工培训成果评估

对新员工的培训内容可参考本书第三章中在职员工月度培训相关内容，因为餐饮部基层工作岗位注重实操性，新员工与老员工工作内容基本相同。培训结束后，餐饮经理要对培训成果进行评估，如表4-6所示。

如果新员工对培训中的相关内容仍不清楚，餐饮经理应安排培训老师进行耐心讲解，必要时自己应亲自讲解。

表4-6 新员工培训成果评估表

| 序号 | 类别 | 评估标准 |
| --- | --- | --- |
| 1 | 工作的流程评估 | （1）了解工作流程<br>（2）了解内部上下关系<br>（3）了解横向的联系、合作关系<br>（4）了解与同事间和睦相处的重要性<br>（5）做工作必定有始有终 |
| 2 | 指示、命令的重要性 | （1）了解上司的指示、命令<br>（2）将上司的指示、命令记录备忘<br>（3）指示、命令若有不明了之处，必定确认到懂为止，复诵指示、命令，加以确认<br>（4）遵守指示、命令 |
| 3 | 工作的步骤、准备 | （1）了解工作步骤<br>（2）了解工作准备得当，进展就顺利<br>（3）了解工作步骤的组织方式<br>（4）了解工作的准备方式<br>（5）按照步骤、准备程序完成工作 |
| 4 | 报告、联络、协商 | （1）了解报告、联络、协商是工作的重点<br>（2）报告时，先讲结论<br>（3）联络应适时、简要<br>（4）了解协商可以使工作顺利完成 |
| 5 | 经营理念 | （1）了解本店的经营理念<br>（2）随口能背出经营理念<br>（3）会逐渐喜欢经营理念<br>（4）以经营理念为荣<br>（5）以经营理念为主题，写出感想 |

（续表）

| 序号 | 类别 | 评估标准 |
|---|---|---|
| 6 | 餐厅的组织、特征 | （1）以简单的图解表示出本店的组织<br>（2）了解各部门的主要业务<br>（3）了解本店的产品<br>（4）能说出本店产品的特征 |

## 四、餐饮部季度盘点

餐饮经理每个月都要对厨房各项食材物资进行组织盘点，具体内容可参考本书第二章中相关内容，此处不再赘述。除了每月对厨房的食材盘点，餐饮经理每个季度还应该对餐厅、酒吧、厨房的用具和设备进行组织盘点。

### （一）制定盘点操作规范

要使盘点工作顺利进行，餐饮经理应先制定盘点操作规范，对盘点过程中各项事情作出合适的规定。

【范例23】

××酒店餐饮部季度盘点操作规范

1.目的

及时了解餐饮部物资的准确数目，在财务上和申购上提供正确的成本依据，考核管理人员管理能力，增强员工责任意识。

2.适用范围

适用于餐饮部对管辖范围内物资情况的分析和管理。

3.职责

餐厅资产管理人负责日常管理，各岗点第一负责人为各岗点部门主管及主副厨师长，餐饮经理为资产总负责人，盘点当日各岗点第一负责人必须负责全场督导工作。

4.标准与实施步骤

4.1 标准

4.1.1 盘点前必须保证部门所有物资已经归位（布草盘点时应事先领取所有送洗布草）。

4.1.2 仔细彻底的收集，盘点的数目必须精确到“1”（筷子要精确到0.5）。

4.1.3 手工盘点表必须用黑色碳素笔填写。

4.1.4 手工盘点表中涂改过的地方必须有变更人签字确认。

4.1.5 手工盘点表必须有盘点人、岗点负责人、监盘人员三方签字。

4.1.6 各岗点第一负责人必须根据已签字确认的手工盘点表在盘点表打印件上签字备查。

4.2 实施步骤

4.2.1 时间的定制：餐饮部将根据每个餐厅的营业状况和酒店财务部的要求制定盘点计划表。

4.2.2 计划的内容：盘点计划表包括岗点自盘时间、岗点负责人、岗点清盘人员、岗点核盘时间、岗点监盘人员、财务监盘人员等。

4.2.3 盘点的准备：各岗点在自盘时间前一定要理清借出/入账目，收集和整理好各自岗点的物资，餐饮部发送各岗点盘点表。

4.2.4 自盘的要求：自盘时一定要认真，餐饮经理将检查自盘工作，对于不认真或未盘的岗点，餐饮经理将提请总经理对岗点第一负责人作严肃处理。

4.2.5 自盘的处理：各岗点要对自盘的结果进行分析，找出问题所在，力求在核盘前解决问题。

4.2.6 核盘的要求：岗点第一负责人必须在盘点现场进行交叉盘点；使用盘点专用签到表签到（包括盘点计划表涉及的所有人员），如有迟到、早退、缺勤者按酒店相关考勤制度给予考勤。清盘人员必须服从监盘人员的合理要求；岗点负责人、清盘人员、岗点监盘人员的更换需得到总经理的许可。盘点时各岗点所有物品必须归堆（单种物品必须归类放在一起，以便清点，避免漏盘），清盘前，岗点监盘人员要对餐厅和厨房桌面、台面、柜子、抽屉等场所进行检查。

4.2.7 核盘的处理：三方签字后，结果不再更改。餐饮部或财务部根据结果列出各岗点赔偿清单，赔偿方式按《关于加强餐饮部物资管理的方案》《布草管理制度》《易损及易丢失资产客赔及员工赔偿建议价格清单》进行赔偿。

### （二）发放盘点表

餐饮经理按照盘点操作规范确定初步和复核盘点负责人，然后发放盘点表，开展盘点工作。一般来说，餐饮部的盘点主要包括餐厅、吧台和厨房，盘点表4–7、表4–8所示。

### （三）盘点汇总与分析

初盘与复核盘点工作结束后，餐饮经理应认真核对两次盘点实际库存数与实际盘点数之间的差异，如果差异过大，应考虑安排第三次盘点，餐饮经理可亲自参与。

表4-7　季度厨房用具盘点表

初盘负责人：　　　　复核负责人：　　　　　　盘点日期：

| 序号 | 货品名称 | 单位 | 实际库存数 | 初步盘点数 | 复核盘点数 | 差异数 | 备注 |
|---|---|---|---|---|---|---|---|
| 1 | 加厚大锅 | 口 | | | | | |
| 2 | 30 钢盆 | 个 | | | | | |
| 3 | 长锅架 | 个 | | | | | |
| 4 | 大蒸笼 | 套 | | | | | |
| 5 | 黑酒精炉 | 个 | | | | | |
| 6 | 黑锅仔 | 个 | | | | | |
| 7 | 红酒精炉 | 个 | | | | | |
| 8 | 双耳锅仔 | 个 | | | | | |
| 9 | 竹片碗 | 个 | | | | | |
| 10 | 鱼盘 | 个 | | | | | |
| 11 | 大圆盘 | 个 | | | | | |
| 12 | 中圆盘 | 个 | | | | | |
| 13 | 防滑垫 | 块 | | | | | |
| 14 | 加厚小托盘 | 个 | | | | | |
| 15 | 员工菜盆 | 个 | | | | | |
| 16 | 不锈钢小桶 | 个 | | | | | |
| 17 | 不锈钢水桶 | 个 | | | | | |
| 18 | 不锈钢大桶 | 个 | | | | | |

（续表）

| 序号 | 货品名称 | 单位 | 实际库存数 | 初步盘点数 | 复核盘点数 | 差异数 | 备注 |
|---|---|---|---|---|---|---|---|
| 19 | 大垃圾桶 | 个 | | | | | |
| 20 | 水果菜板 | 个 | | | | | |
| 21 | 蒸箱托盘 | 个 | | | | | |
| 22 | 刨丝器 | 个 | | | | | |
| 23 | 调料缸（大） | 个 | | | | | |
| 24 | 调料缸（小） | 个 | | | | | |
| 25 | 细漏网 | 个 | | | | | |
| 26 | 大油缸 | 个 | | | | | |
| 27 | 小钢勺 | 个 | | | | | |
| 28 | 小钢漏勺 | 个 | | | | | |
| 29 | 菊花盘 | 个 | | | | | |
| 30 | 正方竹节 | 个 | | | | | |
| 31 | 圆竹节 | 个 | | | | | |
| 32 | 花边盘 | 个 | | | | | |
| 33 | 蝴蝶盘 | 个 | | | | | |
| 34 | 汤碗（红） | 个 | | | | | |
| 35 | 汤碗（蓝） | 个 | | | | | |
| 36 | 果盘 | 个 | | | | | |
| 37 | 24 号煲 | 个 | | | | | |

（续表）

| 序号 | 货品名称 | 单位 | 实际库存数 | 初步盘点数 | 复核盘点数 | 差异数 | 备注 |
|---|---|---|---|---|---|---|---|
| 38 | 砂锅夹 | 个 | | | | | |
| 39 | 瓷汤勺 | 个 | | | | | |
| 40 | 小炒锅 | 口 | | | | | |
| 41 | 大锅 | 口 | | | | | |
| 42 | 大炒勺 | 个 | | | | | |
| 43 | 小炒勺 | 个 | | | | | |
| 44 | 配菜盘 | 个 | | | | | |
| 45 | 菜刀 | 把 | | | | | |
| 46 | 大菜板 | 块 | | | | | |
| 47 | 柳篮 | 个 | | | | | |
| 48 | 压力锅 | 个 | | | | | |
| 49 | 大剪刀 | 把 | | | | | |
| 50 | 保鲜盒（大号） | 个 | | | | | |
| 51 | 保鲜盒（中号） | 个 | | | | | |
| 52 | 保鲜盒（小号） | 个 | | | | | |
| 53 | 钢锅 | 个 | | | | | |
| 54 | 菜篮子（大） | 个 | | | | | |
| 55 | 菜篮子（中） | 个 | | | | | |
| 56 | 菜篮子（小） | 个 | | | | | |

（续表）

| 序号 | 货品名称 | 单位 | 实际库存数 | 初步盘点数 | 复核盘点数 | 差异数 | 备注 |
|---|---|---|---|---|---|---|---|
| 57 | 不锈钢漏勺 | 把 | | | | | |
| 58 | 鲍鱼盘 | 个 | | | | | |
| 59 | 蒸蛋盘 | 个 | | | | | |
| 60 | 大锅铲 | 把 | | | | | |
| 61 | 编织篮 | 个 | | | | | |
| 62 | 色釉碗 | 个 | | | | | |
| 63 | 蓝色整理箱 | 个 | | | | | |
| 64 | 竹饭勺 | 个 | | | | | |
| 65 | 桌布 | 张 | | | | | |
| 66 | 拖把 | 把 | | | | | |
| 67 | 塑料碗 | 个 | | | | | |
| 68 | 白瓷碗 | 个 | | | | | |
| 69 | 花瓷碗 | 个 | | | | | |
| 70 | 面碗 | 个 | | | | | |
| 71 | 果汁杯 | 个 | | | | | |
| 72 | 塑料盘（小） | 个 | | | | | |
| 73 | 塑料盘（大） | 个 | | | | | |
| 74 | 员工餐盘 | 个 | | | | | |
| 75 | 塑料勺 | 个 | | | | | |

（续表）

| 序号 | 货品名称 | 单位 | 实际库存数 | 初步盘点数 | 复核盘点数 | 差异数 | 备注 |
|---|---|---|---|---|---|---|---|
| 76 | 筷子 | 双 | | | | | |
| 77 | 小菜碟 | 个 | | | | | |
| 78 | 醋壶 | 个 | | | | | |
| 79 | 菜夹 | 个 | | | | | |
| 80 | 筷盒 | 个 | | | | | |
| 81 | 开酒器（红） | 个 | | | | | |
| 82 | 开酒器（啤） | 个 | | | | | |
| 83 | 方托盘 | 个 | | | | | |
| 84 | 圆托盘 | 个 | | | | | |
| 85 | 烟灰缸 | 个 | | | | | |
| 86 | 牙签盒 | 个 | | | | | |
| 87 | 保温紫砂锅 | 个 | | | | | |
| 88 | 灭蚊灯 | 个 | | | | | |
| 89 | 凉水杯 | 个 | | | | | |
| 90 | 大转盘 | 个 | | | | | |
| 91 | 蒸包器 | 个 | | | | | |
| 92 | 面包机 | 台 | | | | | |
| 93 | 三角电饭锅 | 个 | | | | | |
| 94 | 抽纸盒 | 个 | | | | | |

（续表）

| 序号 | 货品名称 | 单位 | 实际库存数 | 初步盘点数 | 复核盘点数 | 差异数 | 备注 |
|---|---|---|---|---|---|---|---|
| 95 | 欢迎光临地垫 | 张 | | | | | |
| 96 | 小钢勺 | 把 | | | | | |
| 97 | 三角电饭锅 | 个 | | | | | |
| 98 | 地刷 | 把 | | | | | |
| 99 | 压边纸篓 | 个 | | | | | |
| 100 | 白色盘子 | 个 | | | | | |
| 101 | 绿色盘子 | 个 | | | | | |
| 102 | 水果盘 | 个 | | | | | |
| 103 | 钢盘 | 个 | | | | | |
| 104 | 长柄水勺 | 个 | | | | | |
| 105 | 垃圾桶盖 | 个 | | | | | |
| 106 | 水管 | 个 | | | | | |
| 107 | 香蕉碟 | 个 | | | | | |
| 108 | 海螺碟 | 个 | | | | | |
| 109 | 鲍鱼碟（冷碟） | 个 | | | | | |
| 110 | 电磁炉 | 个 | | | | | |
| 111 | 餐厅组合架 | 套 | | | | | |
| 112 | PC 圆形花果盘 | 个 | | | | | |
| 113 | PC 圆形花瓣果盘 | 个 | | | | | |

表4-8　餐厅及酒吧用具盘点表

初盘负责人：　　　复核负责人：　　　　　　盘点日期：

| 名　称 | 实际库存数 | 初次盘点数 | 复核盘点数 | 差异数 | 备注 |
|---|---|---|---|---|---|
| 骨碟 | | | | | |
| 翅碗 | | | | | |
| 勺子 | | | | | |
| 筷架 | | | | | |
| 烟灰缸 | | | | | |
| 汤漏架 | | | | | |
| 醋壶 | | | | | |
| 牙签筒 | | | | | |
| 味精筒 | | | | | |
| 辣椒罐 | | | | | |
| 红酒杯 | | | | | |
| 水　杯 | | | | | |
| 小酒杯 | | | | | |
| 汤　碗 | | | | | |
| 电热壶 | | | | | |
| 暖　瓶 | | | | | |
| 托　盘 | | | | | |
| 椅　子 | | | | | |

（续表）

| 名　称 | 实际库存数 | 初次盘点数 | 复核盘点数 | 差异数 | 备注 |
|---|---|---|---|---|---|
| 毛　巾 | | | | | |
| 桌　子 | | | | | |
| 转　盘 | | | | | |
| 台　布 | | | | | |
| 台　裙 | | | | | |
| 垃圾桶 | | | | | |
| 沙　发 | | | | | |
| 酒精炉 | | | | | |

## 五、员工激励管理

员工激励，就是激发餐饮部员工的内在潜力，使员工感到力有所用，才有所展，劳有所得，功有所奖，从而增强自觉努力工作的责任感。因此，餐饮经理能否建立健全激励机制，能否有效地激励餐饮部每一个员工，将直接关系到本部门的发展。

### （一）改善工作条件

餐饮经理要想让部门员工能全身心地投入到工作中去，首先要做到的就是改善工作条件。只有好的工作条件才能让员工身心愉快地工作，从而提高工作效率，具体如下表4-9所示。

### （二）员工激励方法

常见的员工激励方法，如表4-10所示，餐饮经理要视情况灵活运用。

### （三）制订员工激励方案

对餐饮经理来说，上述方法可用于指导员工激励管理，但要是激励产生作用，就必须制订切实可行的激励方案，并切实执行，如下例所示，对厨师创新菜品进行激励。这样可以使各部门员工拥有努力的目标。

**【范例24】**

**××酒店厨师创新菜品激励方案**

为逐步建立和完善公司内部日常经营服务运行机制、创新机制和激励机制，切实转变餐厅员工在取得厨（面点）师等级后不思进取、一劳永逸的思想，有效地调动广大员工的工作积极性、主动性和开创性，充分发挥和挖掘餐厅全体员工的潜能，尤其是各级厨（面点）师的智慧和潜能，以推动餐厅菜肴、面点制作创新工作持久有效开展，并满足广大就餐者的不同需求，特制订本方案。

一、菜肴、面点制作创新参与对象

表4-9　改善工作条件

| 序号 | 类别 | 具体内容 |
|---|---|---|
| 1 | 设计照明 | （1）光照度是照明的最关键因素。不同的场合与工作对光照度的要求不同，应该区别对待<br>（2）眩光会降低视觉效果，也会使眼睛疲劳。避免眩光的最佳方法是采用间接照明，餐饮经理可根据成本考虑采购相应的间接照明设备<br>（3）理想的光线分布是光线均匀地分布在整个视野中。如果工作台的光照度比四周高出许多的话，长时间工作后员工眼睛会产生疲劳，餐饮经理应考虑合理搭配光照度<br>（4）常用的光源有三种：标准白炽灯泡、荧光灯和水银灯。三者在费用、亮度和颜色等方面各有利弊，餐饮经理必须根据具体工作的需要进行选用，重点是要听取员工的意见 |
| 2 | 消除噪声 | （1）控制噪声源，如对建筑物进行消声、隔声、减振处理等，对有些无法控制的噪声，比如厨房各设备的噪声，餐饮经理也应要求操作人员尽量减小噪声<br>（2）控制声音传播，如通过规划设计，增大人与噪声源之间的距离；餐饮经理应利用场所、风向合理安排声源；改变声源的指向性；建立隔声墙或屏障等<br>（3）餐饮经理应减少员工与噪声接触时间，如限制在噪声源的工作时间、更换工种、合理安排休息期等<br>（4）安全教育，如噪声危害教育、防护措施教育等，这些餐饮经理在每月、每年的例行培训工作中都应重点提出 |
| 3 | 控制温度和湿度 | 适宜的温度和湿度不仅有利于身体与情绪的健康，而且有助于工作效率的提高。研究表明，最舒适的温度是19.5℃～22.8℃，最理想的湿度是25%～50%。餐饮经理应根据不同工作场所和天气作出调整，如夏天天热时开空调等 |
| 4 | 色彩设置 | （1）天花板。需要较佳的反光性，餐饮经理可以采用反光度较大的白色或乳白色<br>（2）地板。一般配以反光度低的偏暗、偏暖的颜色<br>（3）墙壁。一般采用白色、淡黄、淡绿色<br>（4）设备。设备的颜色既要与本身的功能相适应，又要与环境颜色相协调，以适应工作人员的生理、心理要求 |

表4-10 餐饮部员工激励方法

| 序号 | 方法名称 | 方法内容 |
| --- | --- | --- |
| 1 | 目标激励 | 一个振奋人心、切实可行的奋斗目标，可以起到鼓舞和激励的作用。所谓目标激励，就是把大、中、小，远、中、近的目标结合起来，使员工在工作中每时每刻都把自己的行动与这些目标紧密联系。例如，餐饮经理可以在下年计划中提高销售指标，并向员工表明，一旦完成指标，本部门将获得多大的荣誉，以此来激发员工的荣誉感 |
| 2 | 奖励激励 | 奖励就是对员工的某种行为给予肯定和奖赏，使这种行为得以巩固和发展。餐饮经理要将物资奖励与精神激励相结合，方式要不断创新，新颖刺激和变化刺激的作用是比较大的，重复多次的刺激，作用就会衰减，奖励过于频繁，刺激作用就会减少，因此，餐饮经理一定要注意不要过度奖励 |
| 3 | 支持激励 | 支持激励就是餐饮经理要善于支持员工的创造性建议，把员工蕴藏的聪明才智挖掘出来，使得人人开动脑筋，勇于创造。餐饮经理应做到：尊重下级的人格、尊严、首创精神，爱护下级的积极性和创造性；信任下级，放手让下级大胆工作。当工作遇到困难时，主动为下级排忧解难，增加下级的安全感和信任感；当工作遇到差错时，应该主动承担责任，为下级创造一定的条件，使其能胜任工作 |
| 4 | 关怀激励 | 了解是关怀的前提，作为一名领导者，对下属员工要做到“八个了解”，即了解员工的姓名、籍贯、出身、家庭、经历、特长、个性、表现；“八个有数”，即对员工的工作情况有数、身体情况有数、学习情况有数、经济状况有数、住房条件有数、家庭成员有数、兴趣爱好有数、社交能力有数 |
| 5 | 榜样激励 | 餐饮经理可以通过具有典型性的人物和事例，营造典型示范效应，让员工明白提倡或反对什么思想、作风和行为，鼓舞员工学先进、帮后进。餐饮经理要善于及时发现典型、总结典型、运用典型 |
| 6 | 数据激励 | 用数据显示成绩和贡献，能更加激励员工的进取心。餐饮经理对能够定量的各种指标，都要尽可能地进行定量考核，并定期公布考核结果，这样可使员工明确差距，迎头赶上 |
| 7 | 领导行为激励 | 餐饮经理个人良好的领导行为能给员工带来信心和力量，激励员工朝着既定的目标前进。这种影响力有权力性的和非权力性的，而激励效应和作用，更多的来自非权力性因素。包括餐饮经理的品德、学识、经历、技能等方面，而严于律己、以身作则等则是产生影响力和激励效应的主要方式 |
| 8 | 集体荣誉激励 | 餐饮经理可以通过给予集体荣誉，培养集体意识，从而产生自豪感和荣誉感，形成一种自觉维护集体荣誉的力量。酒店和餐饮经理所设计各种管理和奖励制度，要有利于集体意识的形成，形成竞争力 |

1.凡餐厅在编员工并取得技术等级的厨（面点）师，每人每月必须申报1～2种创新菜肴或面点。

2.凡餐厅非在编员工且在聘任时属厨（面点）师岗位的，每人每月必须申报1种创新菜肴或面点。

3.以上人员名单由餐饮部上报，经酒店办公室确认后统一造册。

二、菜肴、面点开发创新的含义及基本要求

1.创新品种是指采用新原（材）料、新技术、新工艺加工制作的新品种，包括主食和副食类且餐厅过去从未制作、出售过的。品种开发创新的途径大致有自主创新、模仿创新和合作创新三种，餐厅厨（面点）师可根据自身实际情况灵活主动地进行菜肴、面点的品种开发。

2.菜肴、面点品种开发创新的特点及基本要求：

（1）创新品种的特点：选料讲究、加工制作精细，色、香、味、形俱佳。

（2）创新品种的基本要求。

——创新品种必须是餐饮部厨（面点）师通过自主开发创新制作或模仿他人制作的有关品种，经过改良后色、香、味、形俱佳，营养卫生，经济实惠，投入市场后深受客人欢迎和好评。

——创新品种由餐饮部根据自身等级厨（面点）师人数，按月合理安排轮流制作，并从产生之日起挂牌公布、出售、接受就餐者对创新品种质、价、量的评议。

——创新品种由餐饮部每星期用书面形式向酒店进行申报，申报时必须写明创新品种名称，创新制作途径，主副材料的数量、单价、金额、成本核算、售价、操作人、申报时间，由餐饮经理签名，并经办公室审核确认后方可有效。

三、评议、考核、奖励与处罚

1.餐饮部已申请的创新品种，酒店将每月分类建档存放，作为对餐饮部及厨（面点）师个人工作业绩月（年）度考核依据。

2.对餐饮部申报的创新品种酒店将在其展销期间和每月底组织有关部门领导、餐饮经理、厨师长等进行打分评议，按得分多少依次评选，一、二、三等奖各一名

随手札记

（同一品种按先申报者有效），分别奖励200元、150元、100元，如获奖品种属厨（面点）师自主设计、制作（烹饪）完成，其奖金全部归个人，集体创作的按设计人员40%、制作（烹饪）人员40%、管理人员20%发放。

3.对因质优价廉、深受客人欢迎、持续销售一个月以上、效益显著的创新品种，经餐饮经理和酒店领导确认后，可申报特等奖，并奖励200～400元，奖励办法同上。

4.餐饮部现有厨（面点）师（根据上报名单）每人每月无特殊情况，必须按规定申报1种以上创新品种。否则，每少一次扣罚其当月效益奖50元，同时餐饮部及个人年终不得评为先进集体和先进个人。

5.此方案于××××年××月××日起试行，不足之处将在实践中不断健全完善。

## 六、季度工作总结

餐饮经理在每季度初，制订本季度工作计划，详情可参考本章第一节。到了季度末，就应该对本季度的工作进行总结。将计划中的事项与完成结果进行对比，看看哪些预定任务做得很好，哪些还没完成，找出原因，予以解决。

下例是某酒店餐饮经理季度总结报告，仅供参考。

【范例25】

××酒店餐饮部季度工作总结

时光如梭，转眼间已走过三个季度，回顾过去的几个季度，餐饮部在总经理的正确指导下，其他部门的密切配合下，在部门全体员工的大力支持和努力下，大胆经营、勇于创新、锐意进取，定额完成了酒店制定的各项经营任务，为实现酒店领导“发展特色餐饮”这一战略目标打下了良好的基础……下面餐饮部就第三季度主要工作总结、报告如下：

一、营业接待方面

在7、8、9三个月的接待中，餐饮部首先不折不扣地完成上级下达的各项工作任务，营业指标也不断呈现出上升趋势。但在接待过程中，也存在部分问题，如：岗位与岗位之间沟通不及时，服务员灵活性不够等。

二、人员沟通方面

在7、8、9三个月的工作中，餐饮部明确了领班的工作岗位与方向，同时授权给了基层领班。并每周进行一次沟通交流会，反映自身的欠缺与不足。部分领班在整体协调能力以及监督执行力上取到了很大的进步。

三、服务质量提升

在本季度对菜品进行了更新，使就餐的客人与日俱增。同时也不断加强对服务员进行培训，每日由领班进行跟踪服务质量。对与存在问题及时反馈并改正。

下一季度工作计划：

第四季度不仅是酒店深化利润目标经营管理的最后一个季度，更是餐饮部为下一年工作打好基础，再上新台阶的一个季度。第四季度，餐饮部将以前三季度大好经营形势为基础，以圣诞节、春节等促销活动及搞好大宴旺季的接待和服务为契机，以持续稳定、提高用餐和消费档次为重点，以狠抓“两个质量”（产品与服务质量），强化两个意识（竞争意识与危机意识）为中心，以稳定员工队伍为前提，转变工作作风，齐心协力，努力拼搏，力争在利润目标经营管理的第四个季度实现餐饮创收双赢，重点从以下几方面着手开展工作：

1.全力以赴完成黄金月的婚宴接待工作。

2.着力抓好冬季暖经营举措的落实与效果的督导，与厨房做好沟通衔接工作。确保效益和口碑双丰收。

3.与销售部做好与圣诞、春节促销方案系列工作的安排，确保春节期间的人员接待工作能保持稳定，安全无事故。

4.严抓服务质量关，尤其细节服务的提升。确保年底各项接待任务的完成。

5.卫生方面，加强日常卫生监督，实行每日每餐结束后进行卫生检查。

6.在工作中继续做好基层管理人员的引导与带动，使餐饮部工作开展得有声有色。

7.第四季度也将是部门新老员工交替的一个季度，也是员工队伍容易出现波动的一个季度，为此，我们将会不断地组织一些有意义的部门活动，合理地安排好外地员工的回家探亲事宜，来加深员工间的相互了解，提高整体凝聚力，从而缓解员工的工作压力，更好地为年底的接待做出有力保障。

8.利用年底各项接待活动结束后的经营淡季，对存在的问题进行认真梳理，并有针对性地实施培训和整改，确保年后的工作再上新台阶。

总之，我坚信，在总经理的正确指导下，在其他部门的大力支持、协助下，在部门全体员工齐心协力，努力拼搏下，我们将协同第四季度的目标奋斗！

××酒店餐饮部

××××年××月××日

随手札记

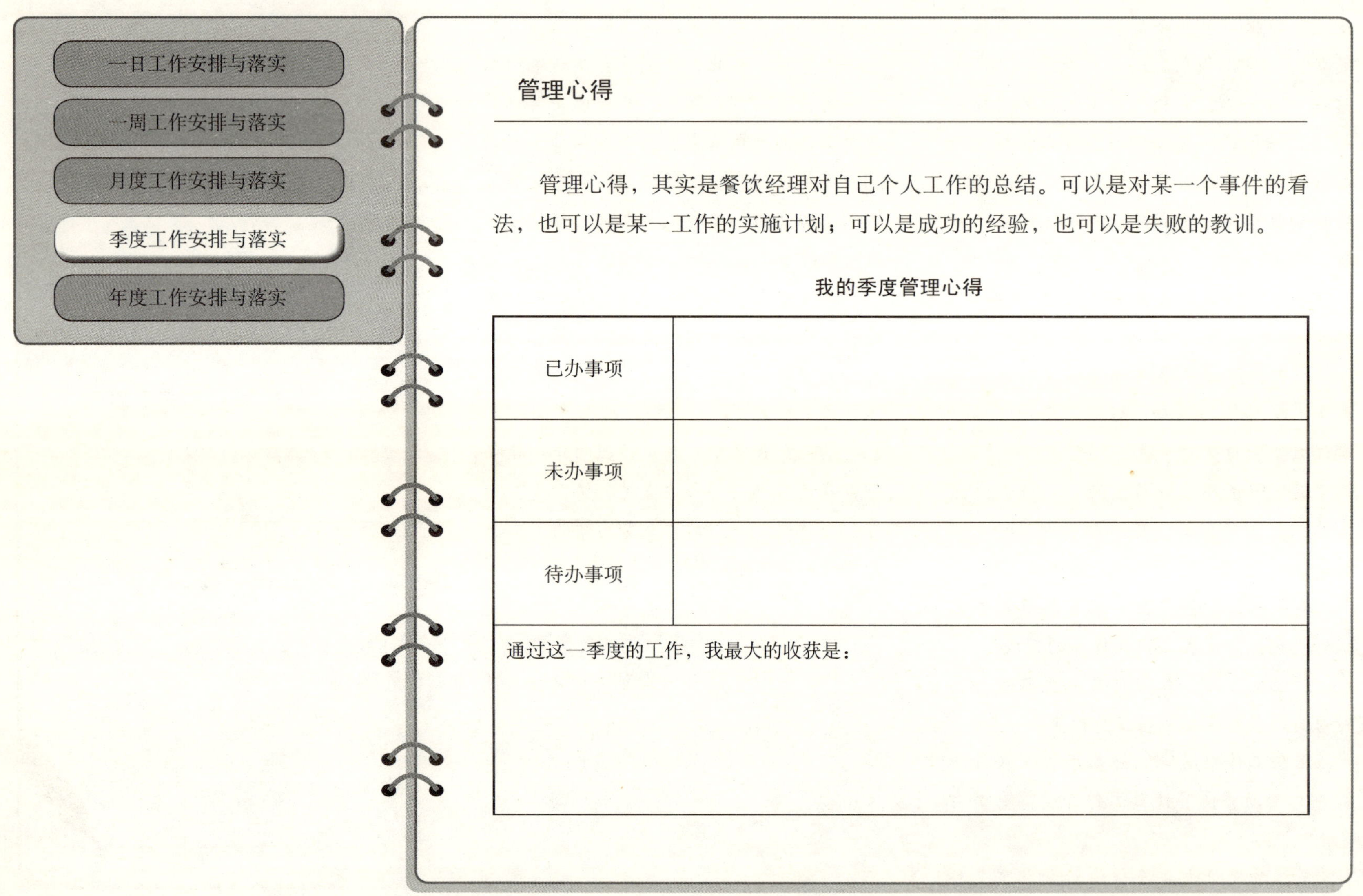



## 管理心得

管理心得，其实是餐饮经理对自己个人工作的总结。可以是对某一个事件的看法，也可以是某一工作的实施计划；可以是成功的经验，也可以是失败的教训。

**我的季度管理心得**

| 已办事项 | |
|---|---|
| 未办事项 | |
| 待办事项 | |
| 通过这一季度的工作，我最大的收获是： | |

# 第五章

## 年度工作安排与落实

年终又到了，餐饮经理又要开始对本年度餐饮部工作进行总结，同时要制订下一年度计划，实行年终部门大检查……

这个时候可以说是餐饮经理忙得团团转的时候。

其实，你也可以不用让自己显得如此忙碌，怎么办？

提前将年终各项工作做好安排，就可以让每件事情按照计划进行。当然，预留一定的时间来应对突发事件，可以让你在年终更好地完成各项工作。

## 一、年度工作总结与下一年计划

年终总结包括餐饮经理个人和部门两种，这里讲的年终总结就是部门总结。当然，无论是哪一种，餐饮经理都不能忽视。

年终总结到底如何写才能引起领导的关注和重视，并能更好地指导来年的工作呢？这就是餐饮经理必须考虑的问题。

如果做到文、数、表、图综合运用，甚至是多媒体的演示，将要表达的核心思想准确、清晰、生动地呈现出来，会更能得到领导认可。当然，考虑到不同领导的风格偏好，也可以在形式与内容方面有不同侧重。

> **特别提示：**
>
> 年终总结既不能只有客观数据、理性分析的“一目了然”，也不能像纪实文学般的长篇报道，而应该是一个有系统性的报告，是一个能把形式和意图结合得很好的总结。

当然，所有的形式都要为内容服务，要想全面系统地做好年终总结，一般来说，可按照以下几个方面来组织内容。

（1）工作业绩。包括餐饮部所取得的成绩。

（2）部门和团队建设。包括餐饮部的制度建设，部门工作能力的提高、工作士气的提高、团队协作的改善等。

（3）跨部门合作。要把餐饮部和酒店其他部门之间的合作情况反映出来。

（4）希望解决的问题。提出问题并提供相应的解决对策。对于实在是没办法解决的问题，必须明确提出解决问题需要的资源和支持。

（5）下一年度工作计划概述。

下例是某酒店餐饮部对年度经营的总结。

**【范例 26】**

**××酒店餐饮部年度工作总结**

紧张而忙碌的××××年即将过去，在××××年的各项经营工作中，面对金融危机现象出现的经济大环境影响下，我们在认真总结餐饮部自身经营状况的同时，结合现今酒店业餐饮市场环境的特点和压力，及时调整经营思路，从管理方法、开拓市场、营销策略和员工培训等方面，积极开展各项经营管理工作，在保证餐饮整体营收的同时，努力控制各项成本费用开支。

××××年餐饮部着重调整了各区域经营管理方法和策略，开阔了各区域经营思路的同时，努力开展和加强员工培训工作力度，在保证员工整体对客服务质量的同时，积极开展各种宣传促销活动，保证餐饮营业收入。餐饮部××××年（数据统计截至××××年11月30日）营业收入同比上年业绩增长16.97%，××××年餐饮部无论从营业收入或对客服务质量等方面，均较上年有较大幅度的提高和进步。尽管我们在××××年的工作中较以往有所进步，但是在今后的工作中应该更加鞭策自己，总结自身工作中的不足之处，从日常经营中的点滴着手才能在今后的工作中获得更大空间的发展和进步。

现就××××年餐饮部主要工作内容和经营重点汇总分析如下，便于我们在今后的工作中努力提高自身整体经营水平，在更好地开展对客服务的同时，保证餐饮各区域营业收入。

（1）××××年餐饮各区域营业收入数据汇总分析。

（2）××××年度餐饮部经营情况分析。

（3）开拓客源市场，提高餐饮市场占有率，扩大营收。

（4）积极响应酒店关于“节能降耗”的重要指示精神，全面贯彻落实到日常工作中的每一个细节。

（5）加强各区域对客服务力度，制订有效的培训计划和培训方案。

（6）回顾一年来的工作成绩，根据自身经营的特点，调整工作思路，预测和应对××××年餐饮市场的变化，制定××××年主要工作、经营计划。

一、××××年餐饮各区域营业收入汇总分析

××××年餐饮部各营收区域业绩汇总表

| 业绩排行 | 部　门 | 一月份 | 二月份 | 三月份 | 四月份 | 五月份 | 六月份 | 1~6月上半年营收小计 |
|---|---|---|---|---|---|---|---|---|
| 第一名 | 中餐厅 | – | – | – | – | – | – | – |
| 第二名 | 咖啡厅 | – | – | – | – | – | – | – |
| 第三名 | 宴会厅 | – | – | – | – | – | – | – |
| 第四名 | 大堂吧 | – | – | – | – | – | – | – |
| 第五名 | 送　餐 | – | – | – | – | – | – | – |
| 1~6月上半年营业小计 | | – | – | | – | – | – | – |

（续表）

| 业绩排行 | 部　门 | 七月份 | 八月份 | 九月份 | 十月份 | 十一月份 | 十二月份 | ××××年收入合计 |
|---|---|---|---|---|---|---|---|---|
| 第一名 | 中餐厅 | – | – | – | – | – | – | – |
| 第二名 | 咖啡厅 | – | – | – | – | – | – | – |
| 第三名 | 宴会厅 | – | – | – | – | – | – | – |
| 第四名 | 大堂吧 | – | – | – | – | – | – | – |
| 第五名 | 送　餐 | – | – | – | – | – | – | – |
| ××××年度营业收入合计 | | | – | – | | – | – | – |

数据分析：餐饮部××××年度营业收入总额为：人民币______元。酒店下达的部门预算总额为人民币______元，餐饮部营业收入总额整体差预算：人民币______元，未完成酒店下达的××××年度部门营业收入预算任务。

二、××××年度餐饮部经营情况分析报告

（一）××××年度餐饮部日常经营中的优势分析

1.改变营销方式

我们从以往坐等客人打电话预订活动，到后来每天由固定员工主动针对客户资料和客人消费信息及时与客人进行联系，利用酒店信息平台对客发放问候及促销信息，这样便于了解客人用餐感受，使今后的服务更有针对性。同时及时将信息反馈给后厨区域，使得餐饮各区域实现资源共享，保证客人用餐信息反馈畅通，有效加强了对客服务质量和菜品质量。

××××年餐饮部各区域自主营销意识大大提高，中、西餐厅不再单纯依靠客房出租率来等生意，而是积极主动地向店外客人进行宣传促销。每个餐厅都成立了自己的销售小分队，每个小分队都会根据自身餐厅的经营特点进行宣传促销。并且定期汇报宣传促销情况，总结客人用餐预订信息，做好客户资料收集整理工作。

2.实行“销售+菜品+服务”的新型管理模式

餐饮经营的成败摆脱不了“销售+菜品+服务”这个三项基本原则，如果其中一项不过关，就会影响到整体餐饮营业收入及服务效果。因此，在加强销售团队业务水平及宣传力度的同时，提高餐厅服务人员的整体服务水平和服务素质，保证对客服务质量也是餐饮日常经营中的重点和难点。另外，对于各餐厅菜品的更新速度以及出品质量的提高也是日常经营中最为重要的问题，毕竟餐饮经营的基础还是以“餐和饮”为基础，因此，我们根据客人的用餐口味特点，结合客人日常信息反馈结果，及时调整菜品种类并定期更新菜牌，同时还根据时令特点，推出适应当季气候的滋补菜品，保证给客人带来新鲜的用餐感受，提高了今年餐饮整体营业收入。

3.重视员工日常培训工作

针对各部门每月上交的培训报告及下一阶段的培训计划，充分了解各区域员工培训需求和状况，从而采用经理级讲授、优秀员工分享经验的特殊培训方式，有效地开展各种培训课程，使得培训工作真正深入到日常工作中来，保证了服务程序和标准的规范化，同时也提高了服务员对客服务水平和整体服务素质，达到了预期的培训目的和效果。

4.开展节能降耗，降低运营成本

为响应酒店制定的“节能降耗”政策要求，便于更好地节约各项运营成本，餐饮部积极采取节能降耗措施，从各区域征集节能降耗方案，从工作中的小事做起，最终达到了降低酒店运营成本的目的，减少各项费用成本和人工成本。

（二）餐饮部工作中的不足及其改进

整体来说，××××年是餐饮部努力创收的一年，在经济大环境仍不景气的情况下，我们将全部精力都集中在创收上，工作中难免会出现一些服务上的纰漏，比如：服务工作做得不细、整体服务水平还有待提高等现象，同时也反映出我们对于市场的把握度还不够，因此导致全年未能完成营收预算任务。现将××××年餐饮部在日常工作中存在的问题和不足之处汇总分析如下，在今后的工作中我们将严格把关，及时调整经营管理思路，开拓市场占有率，保证日常经营工作的顺利进行。

（1）宴会销售部对于市场的把握度不够，没有能够及时调整销售工作思路，一定程度上影响了餐饮市场占有率，最终导致未能完成营收任务。

（2）宴会销售部整体客源结构也比较单一，周边企事业单位的客户还有待进一步开发，针对较远范围的销售促销工作开展力度不够，我们要在明年的工作中努力调整销售工作思路。

（3）餐饮各区域服务员整体服务意识和服务水平还有待提高，针对各区域员工服务意识和服务技巧的培训工作，在××××年也是餐饮部各区域工作的重点。为保证对客服务质量，提高餐厅服务员整体服务技巧和销售技巧，明年我们会安排更多的培训课程，调整大家的服务思

路和固有服务技巧，提高整体服务水平。

（4）中、西餐厅及宴会厅VIP服务小组人员逐渐减少，主要原因是老员工流动性较大，新进员工VIP服务经验较少，仍需在实际工作中进行培训和历练。因此，努力提高和培养各餐厅VIP小组团队人员也是下一步工作的重点。

（5）餐厅一线员工整体英文水平还有待提高，对客英文服务用语将是今后培训工作的重点；因此下一步培训工作的重点就是，努力提高餐饮部服务员整体对客服务英语水平，加强英文口语听说训练，保证对客服务质量。

我们在详细分析自身不足的基础上，及时调整经营管理思路，积极开发新老客户，保证餐饮市场占有率，努力提高营收等，是我们今后工作中的努力方向

## 二、制订年度工作计划

(1) 每年年末时，餐饮经理除了要对一年的工作进行总结，还要做好来年的工作计划及经营预测。下例是某酒店餐饮经理的年度工作计划，仅供参考。

【范例 27】

### ××酒店餐饮部年度工作计划及经营情况预测

××××年餐饮部主要工作重点仍然围绕在如何创收上，因此如何提高餐饮收入，保证××××年顺利完成经营任务是餐饮部明年工作的重点。

回顾本年度年餐饮部全年工作情况和营业收入，在充分分析自身经营的优缺点后，根据今年餐饮日常经营过程中出现的问题和经验，及时调整工作思路，提前应对明年可能出现的市场变化，并详细制订明年部门主要工作计划，保证顺利完成酒店下达的营收任务，提高餐厅整体的对客服务质量，降低各项费用成本，最大限度保证和提高餐饮收入纯利润。

（一）扩大经营，保证餐饮部整体收入

××××年餐饮部整体营业收入预算总额为：人民币25000000.00元，可以说经营压力还是很大的，这就要求我们在明年的工作中努力开拓餐饮市场占有率，积极开发新客户，提高和扩大营收是餐饮部明年的工作重点。

利用农历新春，推出多款别具特色的新春年夜饭，利用一年一度的吉庆佳节有效提高餐厅年夜饭预订量，保证餐厅整体收入。同时，有效开展××××年中秋月饼销售推广工作，保证××××年中秋月饼销售工作的顺利进行，提高酒店整体月饼销售收入。全面开展和筹备××××年圣诞晚会活动策划，保证完成圣诞节销售工作，提高酒店整体收入。

为确保年度顺利完成各项经济指标，要求宴会销售部全面整理并汇总日常销售工作重点和销售卖点，积极开展销售工作，及时回访和拜访新老客户，加强大中型会议、培训会等活动的促销力度，保证会议包餐数量，加强高档宴请活动服务质量。

（二）调整出品质量，不断推陈出新

为保证各种形式会议餐品质量，餐饮部着手整理出高、中、低档会议餐菜单，

以满足各种形式会议餐客户需求，因此，客人的用餐菜品质量和食品安全就显得尤为重要，保证日常对客服务过程中菜品质量和食品安全。

（三）提高服务质量，保证客人满意度

根据各区域工作特点，制订相应的培训方案，要求员工在培训过程中进行角色互换，充分考验对方在服务过程中出现的漏洞和不足，加强服务员之间相互沟通和交流的能力。

（四）加强安全生产管理力度

为加强食品卫生管理和食品制作过程中的监管力度，同时重视安全消防隐患排查工作，要求各部门将安全生产放在经营首位。良好的食品安全和消防安全才是餐饮经营的保障和基础。按照安全生产标准和要求，要求餐饮部从业人员必须掌握食品的卫生基本要求。定期以《食品卫生法》及其配套规定为基础对员工进行业务知识培训。强调餐饮人员食品卫生操作规定，遵循食材储藏原则，确保食品卫生安全。同时严格贯彻消防工作指示，根据餐饮区域消防工作特点，督促并检查各区域消防工作。督促各区域设立防火负责人，落实各项防火责任制，组织防火检查，消除安全隐患，改善消防安全条件，完善消防设施，贯彻执行消防法规，保障餐饮区域消防安全符合规定。

（五）开展节能减耗，倡导开源节流

成本节约是企业发展的基础，因此我们要将成本节约融入到日常工作中，避免资源浪费的现象发生，最大限度节约餐饮的各项能源、资源使用量，控制人员成本，提高餐饮经营利润，严格控制各项成本费用，最大限度节约成本，实现利润最大化。

（六）××××年餐饮部经营展望

××××年对餐饮部全体员工来讲是充满挑战的一年，面对周边市场环境带来的压力，我们将最大限度发挥自身主观能动性，努力提高工作积极性，更加有效地开展餐饮部各项工作，化危为机、把握市场时机，在酒店领导的正确指导下，战胜困难，发挥自身经营中的最大潜能，扎实地投身到各项工作去，为完成酒店赋予的各项工作任务作出最大的努力。同时积极

随手札记

开拓餐饮客源市场，扩大客源结构，保证餐饮整体营业收入。尽管各种客观经济环境给我们的日常经营工作带来了很大的压力和挑战，但我坚信，只要我们团结一致、齐心协力地共同面对一切困难，最终一定能够顺利完成营收任务。

（2）除了概述全年的工作计划，餐饮经理还应对每个月的重点工作作出详细安排，以便合理安排时间。可参考本书第三章中关于月度重点工作的安排。

## 三、制订年度培训计划

培训工作是餐饮经理一项重要工作，餐饮经理要在年底编制餐饮部年度培训计划，根据培训计划完成培训工作。当然，有的培训工作需要人力资源部配合，才能更好地完成。下例是某酒店餐饮经理制订的员工培训计划，仅供参考。

【范例28】

### ××酒店餐饮部年度培训计划

| 月份 | 培训内容 | 备注 |
|---|---|---|
| 1月 | 员工手册及企业文化知识培训、部门规章制度，全员开展企业文化及规章制度培训，只有对规章制度认真了解了才能更好地开展工作。主要培训对象是宴会厅的服务员，同时也要对餐厅其他员工进行培训 | |
| 2月 | 培训服务员服务知识和操作技能，以及厨房员工道德品质、个人素质的培训，只有服务做好了，才能留住更多客户，只要个人素质得到提升，个人的技能服务等都会得到提升 | |
| 3月 | 重点培训宴会服务流程 | |
| 4月 | 对菜品酒水方面销售以及厨房刀工技能培训，为了更好创造销售业务水平，员工必须熟知本店的产品，这样才能更加自信地做好销售工作，一道菜的出品不仅味道好，还要色、香、味俱全，所以厨房主要对刀工进行培训，保证菜肴的出品，留住更多的客人 | |
| 5月 | 为了更好地处理客户投诉，及时培训员工处理客户投诉的方法和技巧 | |
| 6月 | 将之前所收集的案例和员工分享以及厨房对设施设备的讲读，要求设备安全使用责任到人，要求每位厨房员工都熟知使用，避免发生安全事故 | |
| 7月 | 专门给员工开展餐厅服务英语培训，作为兴趣爱好让大家分享，即对工作有帮助也丰富了业余时间 | |
| 8月 | 培训酒水知识，关于干红、干白及黄酒的认识，让服务员更加自信推销，以及厨房员仪容仪表、礼貌用语的培训，大大提升了员工的个人修养素质 | |

（续表）

| 月份 | 培训内容 | 备注 |
| --- | --- | --- |
| 9月 | 对传菜员进行关于菜式、配酱汁、作料等及托盘的培训，让员工有更扎实的基础 | |
| 10月 | 主要技能实操的练习，如摆台、斟酒练习等，提高员工基本功 | |
| 11月 | 对员工开展沟通技能培训 | |
| 12月 | 主要做好安全培训工作等 | |

## 四、制订年度营销计划

餐饮营销，是指餐饮推销、广告、宣传、公关及为实现餐饮经营目标而展开的一系列有计划、有组织的广泛的餐饮产品以及服务活动。

餐饮经理应在每年年初做年度计划时，也要准备好年度营销计划。

### （一）制订营销计划

餐饮经理制订营销计划拟订的步骤：

1.制订计划的步骤

（1）确定餐饮部的经营方向，进行市场调查以确定经营方向。

（2）深入进行市场细分，对竞争对手及形势进行分析，确定营销目标。

（3）研究决定产品服务、销售渠道、价格及市场营销策略。

具体实施财务预算，并通过一段时期的实施，再根据信息反馈的情况，及时调整经营方向和营销策略，最后达到客人、价格、实绩、产品、包装、促销等诸多因素的最佳组合。年度营销计划表5−1所示。

2.常见的营销方式

餐饮经理应掌握一些常见的营销方式，熟练运用，以使酒店利益达到最大

随手札记

表5-1　年度营销计划表

店名：　　　　　　　　　　　　　　　　　　日期：

| 序号 | 酒店策略 | 部门策略 | 目标与计划 | 负责人 | 相关人员 | 时间计划（月） | | | | | | | | | | | | 备注 |
|---|---|---|---|---|---|---|---|---|---|---|---|---|---|---|---|---|---|---|
| | | | | | | 1 | 2 | 3 | 4 | 5 | 6 | 7 | 8 | 9 | 10 | 11 | 12 | |
| | | | | | | | | | | | | | | | | | | |

总经理：　　　　　　　　　　　　　　　餐饮经理：

化。最常见的营销方式如图5-1所示。

图5-1　常见的营销方式

（1）广告营销。

广告是餐饮业的重要营销手段，广告的目的就是扩大市场占有率，挖掘潜在的销售市场，为达到这个目的，餐饮经理必须把自己能够提供的优质服务摆出来让大家知晓。因各种广告媒体都有自己的特点，因此餐饮经理要根据自己制作广告的目的，选择适合自己需要的广告媒体。广告营销包括：电视广告、电台广告、报纸广告、杂志广告、户外广告、直接邮寄广告等。

（2）电话营销。

电话营销是餐饮营销人员与客人通过电话所进行的双向沟通。这种推销方式只是通过声音进行沟通，所以就需要特别注意运用自己的听觉，要在很短的时间内对客人的要求、意图、情绪等方面作出大致地了解和判断，推销自己的餐饮产品和服务时力求精确，突出重点，同时准确做好电话记录。对话时语音语调应委婉、悦耳、礼貌，同时不要忘记商定面谈，以及进一步确认时间、地点等细节，最后向客人致谢。这种方式局限性较大，一般细节性的内容不易敲定。

（3）菜单营销。

一份好的菜单必须符合当前餐饮市场的潮流，所以餐饮经理必须密切注意餐饮市场的变化，了解菜品销售趋势，据此对菜式品种作出相应的调整。不论是要扭转生意衰退的局面，还是经营格局的转变或市场定位的调整，菜单上所展示的菜式品种、价格及由此所体现的菜品规格、质量和特点等，都应作出相应的调整或重新设计。即便是处于正常经营阶段，因不断变化的餐饮市场而影响菜品销售结构的变化，菜单内容也必须进行及时调整。所以，菜单制作完成并非表示此后就可以高枕无忧了，餐饮经理应该随时留意客人的反应，并作进一步的菜单修正。

（4）全员营销。

全员营销包括专人推销、全员推销两种，专人营销一般可设专门的推销人员来进行餐饮产品的营销工作，但要求他们必须精通餐饮业务，了解市场行情，熟悉餐厅各餐饮设施设备的运转情况，客人可以从他们那里得到肯定的预订和许诺。

全员营销又分为两个层次，第一层次是由专职人员如营销总监、餐饮销售代理、销售部经理、销售人员等组成的；第二层次由兼职的推销人员构成，如餐饮经理、宴会部经理、餐厅经理、预订员、迎宾员以及各服务人员等。经理们可在每餐前至餐厅门口迎候客人；餐中巡视，现场解决各种投诉疑难问题；餐毕向客人诚恳道谢，并征询客人对菜点、酒水以及服务的看法和意见；服务人员则通过他们热情礼貌的态度、娴熟高超的服务技巧、恰当得体的语言艺术，向客人进行有声或无声的推销。

（5）网络营销。

网络营销包括电子邮件营销、品牌网站、独立网站、博客等。提供一致的、丰富的餐饮信息对于餐饮经理在线营销的成功来说，是一个相当重要的标准。餐饮经理的终极目标是要提供网上浏览者真正需要的内容，并将他们使用的关键词整合到

你的网站内容中。确保你的网站信息在不断被更新，包括在航空公司系统和CRS中的餐饮描述也保持同步的更新。这样可以让你的餐饮信息保持一致并且在不同的分销渠道中体现关联性。

（6）手机营销。

手机营销正在迅猛爆发。手机用户的注意力较为分散，同时浏览网页的时间也很有限。他们想获取即时的、清晰显示的信息帮助他们迅速地作出决策。全球手机的数量是台式电脑数量的4倍。因此，餐饮经理应正确利用这个渠道。随着智能手机的升级换代，使用手机浏览网页已经成为平常不过的事情。

（7）餐厅形象营销。

酒店可以在店徽的设计、餐厅主题的选择、餐厅的装饰格调、家具、布局、色彩灯饰等方面下工夫，使之起到促销的功用。如可营造出30年代旧上海情调的上海餐厅；越南风情的芭蕉别墅；傣族风格的竹楼餐厅；富有浪漫、高雅艺术气息的西餐扒房；以红木（或仿红木）家具出现的太师椅、清宫服饰等面貌出现的高档中餐厅；以蒙古包、小方桌、花地毯作为主题形象，散发着粗犷、野味气息的蒙古餐厅；在餐厅门口的小黑板上以手写菜单以示古韵的方式招徕客人，餐厅内到处可见的红、白、绿三种鲜艳国旗色的意式餐厅；手提小红灯笼，身着红花绿叶小袄的迎宾员，操着清亮的川腔迎候客人，着中式大褂的后生，则手提一把有着长长壶嘴的大铜壶，犹如飞瀑一般隔人冲茶的川味餐厅，都属于餐厅形象营销成功的例子。

（8）食品本身促销。

食品的展示是一种有效的推销形式。它利用视觉效应，激起客人的购买欲望和消费欲望，吸引进餐厅就餐并且刺激客人追加点菜。餐饮经理应督促厨房做好餐饮食品的制作工作。

食品营销包括：原料展示推销、成品陈列推销、推车服务推销、现场烹调展示推销、餐具和食品摆设推销等。

## 五、建立对客服务质量标准

餐饮经理要保证餐饮部对客服务质量，必须建立对客服务质量标准。因为餐饮部对客服务质量高低直接影响客人的满意度。

### （一）建立质量标准的依据

餐饮经理制定对客服务质量标准的依据是国家旅游局对星级酒店的最新标准（《旅游饭店星级的划分与评定》GBT 14308—2010）。新标准对酒店餐饮服务的要求如表5–2所示。

### （二）建立质量标准的内容

1.建立各部门服务质量标准

餐饮经理在参照国家最新标准的前提下，要根据餐饮各部门的具体情况，制订更加有针对性的标准，如下例所示。

表5-2　酒店餐饮服务的要求

| 4.1 | 餐饮服务质量 |
|---|---|
| 4.1.1 | 自助早餐服务 |
| 4.1.1.1 | 在宾客抵达餐厅后，及时接待并引座。正常情况下，宾客就坐的餐桌已经布置完毕 |
| 4.1.1.2 | 在宾客入座后及时提供咖啡或茶 |
| 4.1.1.3 | 所有自助餐食品要及时补充，适温、适量 |
| 4.1.1.4 | 食品和饮品均有正确标记说明。标记牌洁净统一 |
| 4.1.1.5 | 提供加热过的盘子取用热食。厨师能够提供即时加工服务 |
| 4.1.1.6 | 咖啡或茶应宾客要求及时添加，适时更换烟灰缸 |
| 4.1.1.7 | 宾客用餐结束后，及时收拾餐具，结账效率高，准确无差错。宾客离开餐厅时，向宾客致谢 |
| 4.1.1.8 | 自助早餐食品质量评价 |
| 4.1.2 | 正餐服务 |
| 4.1.2.1 | 在营业时间，及时接听电话，重复并确认所有预订细节 |
| 4.1.2.2 | 在宾客抵达餐厅后，及时接待并引座。正常情况下，宾客就坐的餐桌已经布置完毕 |
| 4.1.2.3 | 提供菜单和酒水单，熟悉菜品知识，主动推荐特色菜肴，点单时与宾客保持目光交流 |
| 4.1.2.4 | 点菜单信息完整（如烹调方法、搭配等），点单完毕后与宾客确认点单内容 |
| 4.1.2.5 | 点单完成后，及时上酒水及冷盘（头盘），根据需要适时上热菜（主菜），上菜时主动介绍菜名 |
| 4.1.2.6 | 根据不同菜式要求及时更换、调整餐具，确认宾客需要的各种调料，提醒宾客小心餐盘烫手，在西餐餐式中，主动提供面包、黄油 |
| 4.1.2.7 | 向宾客展示酒瓶，在宾客面前打开酒瓶，在西餐餐式中，倒少量酒让主人鉴酒 |
| 4.1.2.8 | 红葡萄酒应是常温，白葡萄酒应是冰镇。操作玻璃器皿时，应握杯颈或杯底 |

（续表）

| | |
|---|---|
| 4.1.2.9 | 宾客用餐结束后，结账效率高、准确无差错，主动征询宾客意见并致谢 |
| 4.1.2.10 | 正餐食品质量评价 |
| 4.1.3 | *酒吧服务（大堂吧、茶室） |
| 4.1.3.1 | 宾客到达后，及时接待，热情友好。提供酒水单，熟悉酒水知识，主动推荐，点单时与宾客保持目光交流 |
| 4.1.3.2 | 点单后，使用托盘及时上齐酒水，使用杯垫，主动提供佐酒小吃 |
| 4.1.3.3 | 提供的酒水与点单一致，玻璃器皿与饮料合理搭配，各种酒具光亮、洁净、无裂痕、无破损，饮品温度合理 |
| 4.1.3.4 | 结账效率高、准确无差错；向宾客致谢 |
| 4.1.4 | *送餐服务 |
| 4.1.4.1 | 在正常情况下，及时接听订餐电话，熟悉送餐菜单内容，重复和确认预订的所有细节，主动告知预计送餐时间 |
| 4.1.4.2 | 在正常情况下，送餐的标准时间为：事先填写好的早餐卡：预订时间5分钟内；临时订早餐：25分钟内；小吃：25分钟内；中餐或晚餐：40分钟内 |
| 4.1.4.3 | 送餐时按门铃或轻轻敲门（未经宾客许可，不得进入客房）；礼貌友好地问候宾客；征询宾客托盘或手推车放于何处，为宾客摆台、倒酒水、介绍各种调料 |
| 4.1.4.4 | 送餐推车保持清洁，保养良好。推车上桌布清洁，熨烫平整。饮料、食品均盖有防护用具 |
| 4.1.4.5 | 送餐推车上摆放鲜花瓶。口布清洁、熨烫平整、无污渍。盐瓶、胡椒瓶及其他调味品盛器洁净，并装满调味料 |
| 4.1.4.6 | 送餐完毕，告知餐具回收程序（如果提供回收卡，视同已告知），向宾客致意，祝愿宾客用餐愉快 |
| 4.1.4.7 | 送餐服务食品质量评价 |

【范例29】

## ××酒店餐厅服务质量标准

1.目的

为了能够体现酒店自身的特色，营造良好的就餐环境，从而增加酒店收入，特制定本服务标准。

2.适用范围

适用于餐饮部餐厅所有员工。

3.内容

3.1 餐厅设领位、服务、传菜岗，并保证有岗、有人、有服务，服务规范，程序完善。

3.2 上岗的服务人员要做到仪容端正，仪表整洁，符合员工手册要求。

3.3 开好营业前的班前会，做好上岗前检查，明确分工，了解当班的宴会、冷餐会、会议及日常营业情况。

3.4 用英语接待、服务外宾，做好菜点、酒水的推销和介绍。

3.5 各式中餐宴会、散餐铺台按各式铺台规范，台椅横竖对齐或成图案形。铺台前要洗净双手，避免污染餐具。

3.6 中西餐菜单、酒单外形美观，质地优良，印刷清晰，中英文对照，干净无污渍；菜单、酒单上的品种95%～98%能保证供应。

3.7 严格执行使用托盘服务，保持托盘无油腻。

3.8 严格执行报菜名制度，上每一道菜都要向客人报菜名。

3.9 为点菜客人倒第一杯酒，餐间服务要按工作流程及质量标准做好斟酒、分菜、换盘等服务。

3.10 客人就餐过程中，坚持三勤服务，即“嘴勤、手勤、眼勤”，及时提供服务。

3.11 按中西不同餐式的上菜顺序出菜，传菜无差错。

3.12 第一道菜出菜距点菜时间不超过15分钟。

3.13 桌上烟灰缸内的烟头不超过3个，换烟灰缸按操作流程规定更换。

3.14 设立无烟区，桌上有标志。

3.15 上菜、上汤、上饭时手指不触及食物，汤水不外溢。

3.16 收银用收银夹，请客人核对账单，收款后向客人道谢。

3.17 客人用餐结束，主动征求意见，送行道谢，欢迎再次光临。

3.18 餐厅内设客人意见征求表，并对填写过的征求表及时收回。

3.19 保持餐厅走廊过道、存衣处等公共场所的干净整洁、无浮尘、无污渍。

3.20 保持清洁卫生，门窗光亮，地毯、地板、墙面、天花板无积灰、无四害、无蜘蛛网。

3.21 保持花木盆景的清洁，无垃圾、烟蒂，无枯叶。

3.22 保持餐厅内各种艺术挂件完好，挂放端正，无浮尘、无污迹。

3.23 保持餐桌、椅子、工作台、转盘的清洁；工作台内物品分类、摆放整齐。

3.24 保持餐具、水杯、酒杯的清洁完好，所有餐具、水杯、酒杯必须严格消毒，无手纹、无水渍、无缺口、无裂痕。

3.25 保持调味器皿的清洁完好，无脏渍、无缺口，若内装有调料需保证调料不变质、不发霉。

随手札记

3.26 保持台号、菜单的清洁完好，无污渍、无油腻、无破损、无涂改。

3.27 保持台布、餐巾的清洁完好，熨烫平整，无污渍、无破洞。

3.28 保持工作间、工作车的干净清洁，无油腻、无垃圾；工作间内物品摆放整齐，随手关门。

3.29 保持餐厅内的桌椅、转盘、用具的完好有效，餐厅内的冰箱、空调、电话机以及所有照明设备均完好有效。

3.30 各类宴会、酒会、冷餐会要求准备充分，台型摆设装饰美观，菜肴品种丰富适量，按服务规程提供优质服务。

3.31 会议服务要根据出席人数准备充足的茶水，配备记录纸和笔；纸张要求干净无破痕，笔要求好用，会议用的扩音设备完好有效。

3.32 做好宴会结束的收尾工作，桌椅归位，台面铺设复原，无遗留垃圾，地面保持清洁。

3.33 除24小时营业的餐厅外，一般餐厅的午餐在14:30，晚餐在22:00（冬天可在21:30）前仍需接受点菜。

3.34 各餐厅建立起物资月报制度，每月做好清点工作，控制餐具、布件等的散失和损坏。每月餐具损耗及丢失控制在月营业额的5‰以内。

3.35 员工具有一定的消防意识，熟悉灭火装置及使用方法，并保证灭火装置的有效性。

3.36 对客人的投诉和意见，首先要认真对待，及时处理，其次要记录在案，以便培训时作为资料，保证餐厅不再发生类似情况。

3.37 遵守“员工手册”和酒店规定的各项规章制度，不私收小费和客人馈赠的礼品；对待客人遗留的物品，要按客人遗失物品处理规定及时处理。

3.38 做好班次交接工作，对本班次未完成而需交代到下一班次完成的工作，一定要有交接记录，保证班次的连贯性。

2.建立员工操作标准

餐饮经理应要求部门员工按照以上相对应服务标准进行对客服务。不过以上标准很广泛，为了使部门员工在具体对客服务时做得更好，餐饮经理应当对具体的操作行为制订相应标准，如斟酒、上菜等。

下例是某酒店对餐厅服务员斟酒、端盘和服务态度的服务标准，仅供参考。

【范例30】

××酒店餐饮部斟酒的操作标准

| 序号 | 步骤 | 具体操作 |
|---|---|---|
| 1 | 斟酒的姿势与位置 | （1）斟酒时，应站在客人的右后侧，面向客人，不要贴靠客人，要掌握好距离，以方便斟倒为宜<br>（2）身体稍微前倾，右脚伸入两椅之间，将右臂伸出进行斟倒，不得左右开弓，探身对面，手臂横越客人的视线 |

(续表)

| 序号 | 步骤 | 具体操作 |
| --- | --- | --- |
| 1 | 斟酒的姿势与位置 | (3)斟酒时，瓶口与杯沿应保持一定距离，以1～2厘米为宜，切不可将瓶口搁在杯沿上<br>(4)每斟完一杯酒，都应换一下位置，站到下一个客人的右侧 |
| 2 | 斟酒量 | (1)中餐一律以八分满为宜，以示对客人的尊重<br>(2)若是红葡萄酒斟至杯的1/2处，白葡萄酒则斟至杯的2/3处就可以了<br>(3)香槟酒可以分两次进行斟倒，先斟至杯的1/3处，待泡沫平息后，再斟至杯的2/3处即可<br>(4)啤酒应倾杯壁斟，也可分两次进行，以不溢出泡沫为好，斟倒八分满为宜 |
| 3 | 斟酒顺序 | (1)中餐用餐开始前10分钟左右，将烈性酒和葡萄酒斟好<br>(2)其顺序是：主宾→男主宾→女主宾→主人的顺序，按顺时针方向依次进行<br>(3)如果是两位服务员同时服务，则一位从主宾开始，另一位从副主宾开始，按顺时针方向依次进行 |
| 4 | 试酒 | (1)开瓶后，服务员要先闻一下瓶塞的味道，以检查酒质<br>(2)如葡萄酒有醋味则说明已经变质，应马上更换<br>(3)用干净的餐巾擦一下瓶口，先向客人中的主人酒杯中斟少许酒，请主人尝一下<br>(4)等主人同意后，再按座位先女客、后男客的顺序给客人斟酒，最后给主人斟酒 |

随手札记

## 六、签订餐饮部安全责任书

酒店每个部门要同保安部签订安全责任书，一般部门安全负责人是部门经理，当然也可以安排专门人员负责。餐饮经理作为餐饮部最高负责人，应慎重对待安全责任书，确保能完全达到责任书中的要求。

【范例31】

××酒店餐饮部消防安全责任书

为认真贯彻、执行、实施《中华人民共和国消防法》若干规定，经酒店安全委员会及行政办公室会议研究决定，由××担任××××年餐饮部防火负责人，对餐饮部消防安全负责。

特此备案

保安部责任人：　　防火责任人：
签名：　　签名：
年　月　日　　年　月　日

注：此责任书一式三份，存档一份，责任人一份，保安部一份。如有变动及时更改。

**餐饮部消防安全职责**

餐饮部防火负责人全面组织领导本部门的各项消防安全工作，“预防为主、防消结合”的消防安全工作，体现了“安全为了工作，服务必须安全”的安全服务宗旨，防火负责人应认真履行以下职责：

1.认真执行酒店制定的安全规章制度。

2.制定本部门消防安全规定和消防安全服务，操作规程，并负责贯彻落实。

3.确定本部门不同岗位的安全责任人并与之签订安全责任书。

4.针对本部门特点对员工进行消防安全宣传教育。

5.经常性检查电器、开关、线路插座是否正常完好。

6.注意提醒客人（醉客）吸烟习惯的客人，将烟蒂熄灭，严禁将未熄灭烟蒂倒在纸篓内，以免引起火灾。

7.客人离开餐厅时，要检查一下餐厅有无未熄灭的烟蒂，然后再锁门。

8.组织本部门消防安全检查，及时消除安全隐患。

9.在营业时，不得将紧急出口锁住，消防通道及门前不得堆放物品，紧急出口指示灯必须正常。

10.不得把消火栓，灭火器等消防器材挪作他用，并保证消火栓内卫生清洁。

11.不得违章关闭消防设施电源。

12.注意保管好本部门仓库物品，特别是化学物品和易燃物品。

13.餐饮发生火灾要及时报警和扑救，负责疏散客人、转移物资，保证客人及财产的安全。

14.积极协助保安部处理好各种报警及抢险、救灾工作。

15.在日常工作中，涉及消防安全方面上的问题，要及时通报保安部，重大问题要立即报酒店领导。

【范例 32】

××酒店安全生产综合目标管理责任书

根据《酒店年度安全生产综合目标管理办法》，酒店安全生产领导小组特与餐饮部签订安全生产综合管理目标：

一、职工工伤事故

部门下属工伤事故，涉及医疗金额在1000元以上为零。

二、火灾事故

部门区域不发生火灾事故，无重大火灾隐患。

三、其他事故经济损失指标

全年无损失在200元以上的事故发生，全年积累不超过5000元。

酒店安全领导小组：　　　餐饮部：

签字人：　　　　　　　　签字人：

年　月　日　　　　　　　年　月　日

## 七、餐饮部年度绩效考核

每个月月底，餐饮经理在人力资源部的配合下，对餐饮部员工进行考核，并将考核记录在案，具体内容可见本书第三章相关内容。餐饮经理对他们的年终考核可参考月度考核结果。

表5-3　年度绩效考核统计表

物业公司：　　　　　　　　考核年度：________年

| 姓名 | 岗位 | 月度绩效分 | | | | | | | | | | | | 年度绩效分 |
|---|---|---|---|---|---|---|---|---|---|---|---|---|---|---|
| | | 1 | 2 | 3 | 4 | 5 | 6 | 7 | 8 | 9 | 10 | 11 | 12 | |
| | | | | | | | | | | | | | | |
| | | | | | | | | | | | | | | |
| | | | | | | | | | | | | | | |

制表人/日期：　　　　　　　审批/日期：

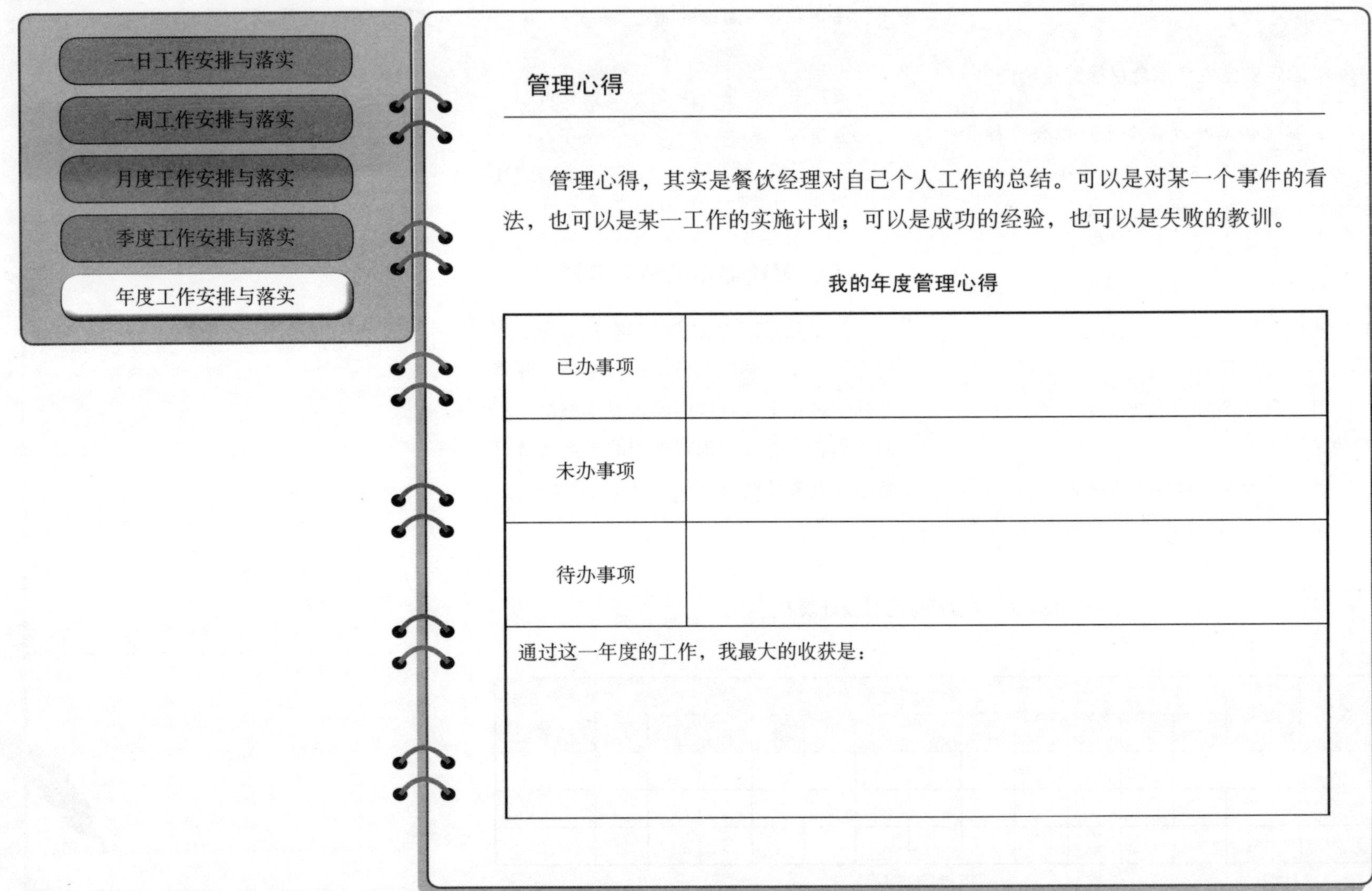


## 管理心得

管理心得，其实是餐饮经理对自己个人工作的总结。可以是对某一个事件的看法，也可以是某一工作的实施计划；可以是成功的经验，也可以是失败的教训。

**我的年度管理心得**

| 已办事项 | |
|---|---|
| 未办事项 | |
| 待办事项 | |
| 通过这一年度的工作，我最大的收获是： | |

# 参 考 文 献

[1] 《星级酒店服务培训指南》丛书编委会．星级酒店餐饮服务员培训．北京：中国时代经济出版社，2006．

[2] 奚晏平．海天酒店管理模式．北京：中国旅游出版社，2004．

[3] 陈尧帝．餐饮采购学．台北：扬智文化事业股份有限公司，2000．

[4] 王惠萍．中餐服务指南．广州：中山大学出版社，2005．

[5] 香港餐饮业管理培训中心．现代餐饮业经营管理大典．北京：中国大百科全书出版社，1998．

[6] 张文．酒店礼仪．广州：华南理工大学出版社，2002．

[7] 南兆旭，滕宝红．现代酒店星级服务培训．广州：广东经济出版社，2004．

[8] （中国台湾）许顺旺．宴会管理理论与实务．长沙：湖南科学技术出版社，2001．

[9] （中国台湾）高秋英．餐饮服务．台北：扬智文化事业股份有限公司，1998．

[10] （中国台湾）谢明成，林龙动．餐饮实务．台北：众文图书公司，1998．